古文今译·二十六史故事

春秋战国

主　编：张宏儒
副主编：张德信

花山文艺出版社
河北冠林数字出版有限公司
河北·石家庄

图书在版编目（CIP）数据

古文今译·二十六史故事．春秋战国／张宏儒主编．—石家庄：花山文艺出版社，2017.8（2022.4重印）
ISBN 978-7-5511-3648-8

Ⅰ．①古… Ⅱ．①张… Ⅲ．①中国历史－春秋战国时代－通俗读物 Ⅳ．①K209

中国版本图书馆CIP数据核字(2017)第200832号

书　　名：	**古文今译·二十六史故事　春秋战国**
	Guwen Jinyi　Ershiliushi Gushi　Chunqiu Zhanguo
主　　编：	张宏儒
副 主 编：	张德信
责任编辑：	梁东方
特约编辑：	张福堂　杜丽敏
责任校对：	温学蕾
封面设计：	崔　海
美术编辑：	胡彤亮
出版发行：	花山文艺出版社
	河北冠林数字出版有限公司
销售热线：	0311-88643176
传　　真：	0311-88643234
印　　刷：	永清县晔盛亚胶印有限公司
经　　销：	新华书店
开　　本：	890×1240　1/32
印　　张：	4.25
字　　数：	100千字
版　　次：	2017年8月第1版
	2022年4月第2次印刷
书　　号：	ISBN 978-7-5511-3648-8
定　　价：	18.00元

（版权所有　翻印必究·印装有误　负责调换）

前言

唐太宗李世民堪称千古一帝,他的论断"以铜为鉴,可正衣冠;以古为鉴,可知兴替;以人为鉴,可明得失",至今颠扑不破。所以,读史不仅是学人必修,而且早已成风尚,为历朝历代贤达才俊所看重;时至今日,更是普及平民百姓。不了解本国、本民族的历史,茶余饭后无故事,与人交谈无资本,教育子女无底蕴,更无法增强民族自信、文化自信,也难以在生产中传薪播火、创新缔造,难以在生活中得到"诗意与远方"。

自从盘古开天地,三皇五帝到如今,我们中华民族经历了五千多年的历史,在这漫长的岁月里,经历了许许多多的朝代更迭、社会动荡,发生了许许多多的宫廷争斗、民间传奇,记载了英主与忠良如何经天纬地、昏君和奸佞怎样祸国殃民,描述了政治家、思想家、文学家、科学家等怎样以他们的聪明才智,一步步改善着人民群众的生活境地,并推动社会的进步、祖国的强大。为了重现中华文明的辉煌灿烂,为了阅古诫今、汲古益今,我们以历史事件先后为顺序,以朝代更迭为线索,以历代正史为依据,并进行去伪存真、去粗取精,纠正错讹,吸收采用最新最科学的研究成果,积数年之功,编纂出版了这套《古文今译·二十六史故事》丛书,奉献给广大读者。

本丛书以1926年上海锦章书局出版、署名舒屋山人编纂的《精订纲鉴二十六史通俗演义》为底本，特别延请中国社会科学院史学、文学的名家、专家主持历史故事的梳理与考证，有些不实之处亦有增删与纠正；并组织优秀学者作古旧文本的白话翻译，倾力做到信、畅、雅，即忠实正史，出必有凭；叙事晓畅，不艰不涩；行文在浅易中求规范，规范中求文雅，力促读者易读、爱读，尽享阅读的快乐和求知的满足，在快乐满足中把握历史演进，体悟流变真谛。

本套丛书依时间为序，按朝代划分成十册；每册中朝代独立成章，各个朝代中又以重大历史事件、历史人物为题，划分出小节，以求方便读者的多元阅读方式，适应当前生活的快节奏。划分中虽然照顾了篇章多寡，以及每册的页码厚薄，但不同朝代历史存留长短不一，实属难以均衡书册大小之规整。而且，限于底本，民国史也未尽周全，在目待版。特此禀明。

我们正处在一个大变革的新时代，迎接中华民族的伟大复兴不只是一个口号，而是必须要有践行；践行则必须要有丰富的知识作支撑，包括科学的、历史的等诸多领域。可以肯定，这正是这套丛书的编纂、出版初衷。

通读一部中国史，做一个明明白白的中国人；传承中华文明，创新民族文化，需要无数明明白白的中国人。

欲知历代兴亡事，端详尽在此书中。《古文今译·二十六史故事》丛书，期待您的悦读。

张福堂

2017 春三月于闲也斋

目 录

春秋 1
  1. 郑国强权 1
  2. 齐国称霸 3
  3. 宋国灭齐 9
  4. 晋国崛起 12
  5. 楚国振兴 19
  6. 吴越争锋 23
  7. 孔孟成儒 27
  8. 仙佛传说 53
  9. 老子得道 56
  10. 天师创教 59
  11. 钟离权与吕洞宾 62
  12. 佛教兴盛 65
  13. 佛学东渐 73
  春秋纪年表 76

战国 82
  1. 东周五百年 82
  2. 诸侯服晋 89
  3. 南国唯楚 95
  4. 列国史迹 101
  5. 秦国一统 108
  战国纪年表 125

春秋

(前770—前476)

1. 郑国强权

周幽王在位的时候,郑桓公友担任周幽王的司徒,很受周朝人的拥护。后来,犬戎前来侵犯周朝,郑桓公友在犬戎之难中死去,周平王便任命他的儿子掘突为司徒,这就是郑武公。及至郑武公去世,他的儿子郑庄公寤生又担任了周平王的卿士。由于周平王同时还信任虢公,郑庄公便怨恨周平王,周平王说并无此事,所以周朝和郑国互相交换人质,周王子狐去作郑国的人质,郑公子忽去作周朝的人质。

周平王去世以后,周公准备把朝政交给虢公执掌,郑国的祭足便率领军队割取了周朝温地的麦子。到了秋天,郑国又割取了成周洛邑的谷子,周朝与郑国互相怀恨在心。周桓王免去了郑庄公在周朝执政的权力,郑庄公便不再前去朝见周桓王。

周桓王率领诸侯各军讨伐郑国,郑庄公发兵抵御。双方在繻(xū)葛交战,蔡国、卫国、陈国的军队都退逃了,周桓王的

玉舞人

军队被打得大败,郑国将领祝聃(dān)一箭射在周桓王的肩膀上,但是周桓王还能够指挥全军。祝聃请求前去追击,郑庄公却说:"君子本来就不愿意逼人太甚,难道我们还敢欺凌到天子的头上吗!如果能够挽救我们自己,使国家免于危亡,也就足够了。"于是,郑庄公派遣祭足前去慰问周桓王,并且问候了周桓王身边的随从。

当时,郑国兵力强盛,朝政振举。齐僖公禄甫打算将自己的女儿文姜嫁给郑太子忽为妻,郑太子忽却推辞了。有人问他原因何在,郑太子忽说:"人们都有适合自己的配偶。齐国是一个大国,大国的女儿不是我的配偶。《诗经·大雅·文王》说:'求助于自己,多受福德。'凡事只能依靠自己,与大国联姻有什么用处!"及至北戎攻打齐国的时候,郑公子忽率领军队援救齐国,将北戎的军队打得大败,齐僖公便又请求将文姜嫁给他,郑公子忽又一次推辞。齐僖公便将文姜嫁给了鲁桓公。

2. 齐国称霸

文姜长得像秋水一般明澈,容貌像芙蓉一般艳丽。与花相比,她是能够讲话的花;与玉相比,她是含着体香的玉,真可谓是一位绝世佳人,是古往今来姿容极其美丽的女子。而且,她通今博古,出口成章。因此以文姜命名。只是文姜举止轻浮,妖冶淫荡,已经成为习性了。

鲁桓公对文姜宠爱无比。及至齐僖公去世,儿子齐襄公诸儿即位,鲁桓公准备与文姜一同前往齐国。申说:"女子有丈夫,男子有妻室，不能够互相轻慢，这就叫作合乎礼仪。如果违反了这个原则，一定会坏事。"鲁桓公没有听从申的劝告，和夫人文姜在栎（lì）地与齐襄公会见，然后便与文姜来到齐国。

文姜进入宫室，与齐襄公一边叙谈，一边饮酒，两人的目光碰在一起，都动情了。于是，两人不顾兄妹之间的亲属关系，竟然做了苟且之事。色欲使两人昏沉迷恋，直到日上三竿的时候，他们还相互拥抱着，不肯起来。这时，早就有宫人将此事向鲁桓公报告了。

鲁桓公责骂文姜，文姜便告诉了齐襄公。在鲁桓公辞行的时候，齐襄公设宴招待，鲁桓公喝得大醉。齐襄公指使公子彭生在抱鲁桓公登车的时候，摧折了他的肋骨，鲁桓公便在车上死去了。鲁国人把鲁桓公的儿子立为鲁庄公。

齐襄公发布政令没有一定的准则，后来又根据鲁国的要求杀死了彭生，借以取悦鲁国。鲍叔牙知道祸事将起，就拥戴公子小白逃亡到莒国。

齐襄公在贝丘打猎，追赶一头野猪。忽然，野猪变成彭生。齐襄公晚上住在别宫中，被他的弟弟无知杀死。这时，管仲和召忽也拥戴公子纠逃亡到鲁国。齐国的雍廪又将无知杀死，鲁国便护送公子纠回国即位。可是，公子小白抢先从莒国返回齐国，即位为齐桓公。

齐桓公调集军队讨伐鲁国，将鲁国军队打得大败。鲍叔牙让人对鲁国说："公子纠，是我们国君的亲兄弟，请您把他杀掉。管仲和召忽是我们国君的仇人，请将他们二人交给我们，齐国才会罢休。"于是，鲁国在生窦将公子纠杀死，召忽自杀而亡。

管仲请求把自己囚禁起来，押回齐国。齐桓公打算让鲍叔牙辅佐自己治理国家，鲍叔牙推辞说："我的才能不及管仲。如果您打算让国家得到治理，就非任用管仲不可。"齐桓公说："可是管仲曾经一箭射中我身上的带钩，使我几乎丧生啊。"鲍叔牙说："那时候他也是各为其主呀，如果您宽宥了他，任用他辅佐齐国，他也会像对公子纠那样来为您效力的。"于是，齐国便向鲁国索取管仲。

鲁庄公就此征求施伯的意见，施伯回答说："管仲具有治理天下的才能，他所在的国家一定会得志于天下。所以，请将管仲杀死，再将他的尸首交给齐国。"

鲁庄公准备杀死管仲，齐国的使者向鲁国提出请求说："我们国君希望亲自将管仲杀死。"于是，鲁庄公让人将管仲捆绑起来，交给齐国。鲍叔牙将管仲接收过来，回到齐境堂阜，便将管仲释放。及至管仲来到以后，经过三次熏香沐浴，齐桓公亲自前往郊外迎接，为管仲松绑解缚，并向他请教，管仲的回答使齐桓公连连说好，齐桓公便让他辅佐自己，称作仲父。

管仲将国都划分为二十一个乡：其中工匠与商人居住的乡有六个，不从军出征和服劳役；士人与农民居住的乡有十五个，国家制定的内政措施和发布的军政命令都由这里的居民实施。管仲规定以五家为一轨，设一长官；以十轨为一里，每里设立一个管理部门；以四里为一连，每连设立长官；以十连为一乡，每乡设立乡大夫；以五乡为一师。齐桓公统领十一乡，高子和国子各自统领五乡，居民不得随意迁居他乡。乡中居民世世代代居住在一起，从小时候便在一起生活，所见到的人都能够互相认识，所形成的融洽关系足以使人互相以死相救，所以在防守的时候能够共同巩固城防，在作战的时候能够共同奋力杀敌。

管仲还规定允许犯有重罪的人用犀皮铠甲赎罪，犯有轻罪的人用珠宝玉器赎罪，犯有小罪的人用金属赎罪。管仲还设置官员，开通齐国的海山盐铁之利。此外，齐国还设置了女子聚居的处所三百处，专门让漂亮的妇女居住在那里，让她们每天涂脂抹粉，精心打扮，力求妖艳放荡，娇娆妩媚，来吸引各国的商人游客，让他们在此过夜而收取他们的钱财，以便充实国家的费用。于是，齐国国富兵强，连诸侯也畏惧并服从齐国了。

当初，齐桓公流亡在外的时候，途中经过谭国，谭国对齐桓公未加礼遇，后来齐国军队灭掉了谭国。齐桓公在北杏会见诸侯，以平定宋国的变乱，遂国人没有到会，齐国人便又灭掉遂国。齐桓公和诸侯在鄄（juàn）地会见，宋国臣服。齐桓公和诸侯在幽地举行盟会，陈国和郑国臣服。

山戎攻打燕国的时候，齐桓公出兵援救燕国，讨伐山戎，并且打败了山戎，大军一直开进到孤竹，才收兵回国。狄人攻打邢国的时候，管仲建议齐桓公出兵援救邢国，将邢国迁移到夷仪，邢国人都乐于迁居，就像回到原来的国土一样。这时狄人灭掉了卫国。

当初，卫国的公子州吁杀害了国君卫桓公，而自立为国君，石碏（què）便与国人杀了公子州吁，拥立卫桓公的弟弟为卫宣公。

卫宣公曾经与父亲的侍妾夷姜私通，生下了儿子伋（jí）子。卫宣公为伋子在齐国娶妻，此女长得很漂亮，卫宣公便娶了她，这就是宣姜。从此，夷姜失去了卫宣公的宠爱，上吊而死。

宣姜为卫宣公生下了公子寿和公子朔。宣姜与公子朔陷害伋子，卫宣公诈称让伋子出使齐国，却指使杀手在莘地等候伋子，打算将他杀掉。

公子寿得知消息，便告诉了伋子，让伋子逃往别国躲避灾难。伋子说："如果儿子可以将父亲的命令弃置不顾，要儿子还有什么用处呢！"他不肯听从公子寿的劝告。公子寿不忍心让伋子赴死，便用酒将伋子灌醉，在自己的车上竖起伋子的旗帜，抢先前往莘地，希望杀手杀死自己，这样便能够免去伋子一死，而杀手果然将公子寿杀死了。伋子酒醒以后，追赶公子寿到了莘地，便对杀手说："我就是你要杀的人，公子寿有什么罪过？请你把我杀死吧！"于是，杀手又杀死伋子。

卫国人为两公子的死去既痛心，又愤怒。及至卫宣公去世，公子朔即位为卫惠公，左公子洩和右公子职等人便将他赶走，拥立公子黔牟为国君。

宣姜年纪轻轻地便成了寡妇，齐国人又唆使卫宣公侍妾所生的儿子公子顽与自己的后母宣姜私通，生了齐子、戴公、文公、宋桓公夫人和许穆公夫人。及至卫惠公赶走公子黔牟，自立为国君，后将君位传给了儿子卫懿公赤。

卫懿公最喜欢仙鹤，便给仙鹤俸禄，还可以乘车。狄人前来攻打卫国，作战前夕，卫国士兵都说："让仙鹤去打仗吧！既然仙鹤享有官禄，哪里还需要我们去作战！"

卫国与狄人在荧（yíng）泽交战，卫国大败，狄人杀死卫懿公，卫国灭亡。宋桓公接应卫国遗民渡过黄河，向南进发，扶立戴公为国君，寄居在曹邑，但没过一个月，戴公就去世了。

齐桓公率领诸侯援救卫国，扶立戴公的弟弟公子毁即位，这就是卫文公。卫国在楚丘筑起城邑，并迁居到那里。

卫国就像不曾亡国一样，卫文公穿着粗布做成的衣服，戴着粗帛制成的帽子，教人务农，便利商贩，勤于求学，任用有能力的人才，终于使卫国复兴。齐国与诸侯在阳谷会见，计议讨伐楚国。齐桓公率领诸侯各国军队侵入蔡国，蔡国溃败。于是，齐桓公攻打楚国，与楚国在召陵举行盟会，然后回国。

当初，周惠王在陈国娶妻，生下了太子郑和王子叔带。周惠王偏爱叔带，打算立他为太子。齐桓公率领诸侯会见太子郑，在首止举行盟会，为的是借此确立太子郑王储的地位。周惠王派遣周公召见郑文公说："我支持你去追随楚国。"郑文公为得到周天子的命令而高兴，便逃回本国，不肯参加盟会。齐桓公会同诸侯各国军队讨伐郑国，包围新城，郑国乞求与齐国订立盟约。接着，周惠王去世，太子郑即位，这就是周襄王。

齐桓公在葵丘与诸侯会见，周襄王派遣宰孔向齐桓公颁赐祭肉，还说："由于伯舅年迈，加上伯舅立下的功劳，现在加赐一级，不必下阶跪拜。"齐桓公回答说："天子的威严还没有离开眼前咫尺之遥，我怎么敢接受天子的这一命令？如果不下拜，我害怕会从上面跌下来，给天子带来羞辱的。"齐桓公首先走下台阶跪拜，然后登上台阶接受祭肉。

宰孔先行回国，途中遇见前来参加会盟的晋献公。宰孔便对晋献公说："您可以不去参加会盟了。齐桓公并不致力于以德服人，而在忙于四处征伐。恐怕晋国也要发生祸患了吧，您应该专力平定内乱，不必忙着前去参加会盟。"晋献公便回国了。

王子叔带打算与戎狄一起攻打周朝。周襄王得知消息后，便想将叔带杀掉。叔带逃到齐国避难，齐桓公派遣管仲使戎人与周襄王媾和。戎人侵犯周王室，周襄王将戎人造成的祸难告诉了齐国，齐桓公便让诸侯各自发兵防守成周。不久，齐国的管仲去世，齐桓公任用易牙、开方、竖刁，齐国的霸业逐渐衰微。

3. 宋国灭齐

当初，齐桓公贪恋女色，他的姑母与姐妹由于长得漂亮而没有出嫁的有七个人，在宫中受到宠爱、地位如同夫人的女子有六个人。及至齐桓公去世，有五个公子都在争着要立自己为嗣君，齐桓公的尸身在床上停放了六十七天，生出的尸虫从门缝中爬了出来。易牙与寺人貂依靠齐桓公的内宠杀害众多的官员，从而立公子无亏为国君，齐孝公便逃亡到宋国。

当初，齐桓公和管仲将齐孝公托付给宋襄公，至此，宋襄公率领诸侯讨伐齐国，齐国人将公子无亏杀掉。剩下来的齐国四公子一伙与宋国军队作战，宋国打败了齐国军队，将齐孝公立为国君，这才收兵回国。

淖齿处死齐王

不久，宋国人擒获了滕宣公婴齐，宋襄公与诸侯在曹国的南面举行会盟。鄫（zēng）子与邾（zhū）文公举行会盟，邾国人却将鄫子捉拿起来，宋襄公让邾文公杀死鄫子，当作祭祀用的供品，来祭祀次睢的土地神，希望借此使东夷归附。这件事发生以后，诸侯都对宋襄公的暴虐心怀忧虑。

宋国人在鹿上举行会盟，为的是要求楚国允许曾经归附楚国的中原诸侯拥戴自己为盟主，楚国人答应了。不久，诸侯在盂地会见宋襄公，楚国在会上将宋襄公擒获，并前来攻打宋国。接着，诸侯在薄地举行会盟，在会上释放了宋襄公。宋襄公又去讨伐郑国，楚国前来营救。

宋国与楚国在泓（hóng）水岸边交战。宋国军队排成阵列以后，楚国军队还没有全部渡过河来。担任司马的子鱼请求进击，宋襄公说："不行，君子是不肯困扰处于危难境地的人们的。"楚国军队渡过河来，还未结成阵列，子鱼再次请求出击，宋襄公还是说："不行。"当楚国军队布好阵列以后，宋襄公命令进击，结果宋国军队被打得大败，宋襄公腿部受伤，门官丧生。

宋都城里的人们都说这是宋襄公的过错，宋襄公却说："君子不肯第二次伤害伤员，不肯擒获头发花白的老人。虽然我是商朝亡国的后人，但还是不肯向未布好阵列的军队发起进击的。"子鱼说："如果爱护敌人的伤员，不肯再次伤害他们，还不如根本不去伤害他们。如果爱护敌军中头发花白的老人，还不如向他们投降。看来，您根本不懂军事。"

宋襄公腿部受伤，不久便去世了，他的儿子宋成公即位。

4. 晋国崛起

当时,周天子不能驾驭诸侯,诸侯完全遵从霸主的号令。自从齐桓公去世以后,宋襄公打算完成霸业,但没有成功。正当诸侯群龙无首时,晋文公重耳便出现了。

当初,晋献公吞并了周围各国,国势日益强盛。晋献公与父亲晋武公的侍女齐姜私通,生下太子申生。他又娶了两个戎人的女儿,大戎胡姬生了重耳,小戎生了夷吾。晋献公攻打骊戎时,骊戎男把骊姬嫁给晋献公。骊姬生得如花似玉,娇艳绝伦,晋献公非常宠爱她。骊姬生了奚齐,她的妹妹又生子卓子。

骊姬打算把奚齐立为太子,便贿赂男宠梁五和东关嬖(bì)五,让他们对晋献公说:"如果让太子去主管曲沃,让重耳和夷吾两位公子去主管蒲地和屈地,便能够威服民众,吓倒戎狄,而且可以显扬国君的功劳。"于是,晋献公让申生出居曲沃,让重耳出居蒲城,让夷吾出居屈地。

晋献公打算将奚齐立为太子时,骊姬与中大夫定下了计策。骊姬对申生说:"国君梦见了你的母亲齐姜,你一定要赶快去祭祀她。"申生在曲沃祭祀齐姜以后,带回祭酒和祭肉,献给晋献公。

晋献公正外出打猎,骊姬把祭酒和祭肉在中宫放了六天。晋献公回来后,骊姬在祭酒和祭肉中下了毒药,然后献给晋献公。晋献公以祭酒祭地,地面便凸起一个土包;他把祭肉拿给狗去吃,狗便倒地而死;他又拿给宦官去吃,宦官也丧生了。骊姬哭泣着说:"这是太子定下的阴谋。"

太子申生得知，逃奔新城，晋献公便杀掉了他的保傅杜原款。有人对太子说："如果你为自己申辩，国君是一定能够弄清真相的。"申生说："如果国君离开骊姬，就会住不安稳，吃不饱饭。如果我将真相申辩明白了，骊姬肯定是有罪的。国君老了，我又把国君搞得很不愉快，怎么能够算是尽孝呢？"那人又说："您准备逃走吗？"申生说："国君还没有查清此事是谁的罪过，我带着这样的罪名外逃，有谁会接纳我呢？"

申生在新城上吊而死。骊姬便又诬陷两位公子说："他们事先都知道太子的阴谋。"于是，重耳逃奔蒲城，后又逃奔翟地；夷吾逃奔屈地，后又逃奔梁地。

晋献公让荀息辅佐奚齐。后来，晋献公得了重病，便对荀息说："我把这个幼小的孤儿托付给您，您打算怎么办呢？"荀息回答说："我将竭力辅佐他，对他忠贞不贰。如果把事情办好了，那是您的威灵护佑；如果把事情办糟了，我就随他而死。"

晋献公去世后，里克因申生冤死和两公子流亡在外的缘故，便纠结同党，杀死奚齐。荀息准备自杀，这时有人说："不如拥立卓子为国君而辅佐他。"荀息将卓子立为国君，并且安葬了晋献公，里克又杀死卓子，荀息便自杀身死。

秦穆公和齐桓公派遣军队送公子夷吾回国，将他立为晋侯，这就是晋惠公。晋惠公杀死里克、丕郑以及七舆大夫，答应将河东五城割让给秦国。以求帮助他返回晋国。回国以后，晋惠公背弃了原先的约定，不肯将河东五城交割给秦国。

晋惠公寄居秦国的时候，秦穆公夫人将贾君托付给他，贾君颜色未衰，晋惠公回到晋国便要与贾君私通。贾君哭泣着顺从了他，但请求他安葬太子申生。晋惠公答应，按太子的礼节为申生改葬。

孤突前往新城，途中遇到了太子申生，太子申生告诉孤突说："夷吾的行为甚是无礼，我已经求得天帝的同意，让他在韩地大败。"不久，晋国发生了饥荒，向秦国请求购买粮食，秦国便给晋国运去了粟米。秦国发生了饥荒，向晋国请求购买粮食，却遭到晋国拒绝。于是，秦国前去攻打晋国，战于韩地，秦国将晋惠公擒获。秦穆公夫人姬氏，是晋惠公的姑母。由于她向秦穆公为晋惠公讲情，秦穆公便没有杀害晋惠公，仍然让他返回晋国，而让晋惠公的儿子公子圉（yǔ）作人质。这一年，晋国又发生了饥荒，秦国又给晋国送来粟米。

秦穆公说："虽然我对晋国的君主并不满意，但对晋国的人民还是心怀怜悯的。"秦穆公将女儿嫁给公子圉为妻，公子圉却从秦国逃了回去。晋惠公去世，公子圉即位，这就是晋怀公。他的妻子留在秦国，这就是怀嬴（yíng）。

当初，晋公子重耳从翟人那里逃奔齐国，齐桓公将同宗女子姜氏嫁给他为妻。

重耳在齐国住了五年，还没有离开的心思。赵衰（cuī）与舅父赵犯商量如何离去，齐国的一个侍女听到了他们的谈话，便告诉了自己的女主姜氏。姜氏杀掉侍女，与赵衰等人经过一番谋划，灌醉了重耳，便用车拉着他上路。

来到曹国的时候，曹共公听说重耳肋骨相连，便让他去洗澡，自己走到近处观看。僖负羁的妻子说："我看晋公子的随从人员，个个都是足以辅佐国家的人才。假如重耳回到晋国，肯定会在诸侯中得志。在诸侯中得志以后，他就会讨伐对他无礼的国家，而曹国就是首当其冲的了。你何不及早另作打算呢？"于是，僖负羁便给重耳送去一盘食物，在食物中放了一块玉璧。公子重耳接受了食物，却把玉璧还给了僖负羁。

　　来到宋国的时候，宋襄公将二十匹马赠送给重耳。来到郑国的时候，郑文公对重耳又未加礼遇。重耳离开郑国，前往楚国，楚成王设宴招待他，把他护送到秦国。秦穆公送给他五位女子，怀嬴也在其中。

　　秦国护送重耳回国，晋怀公圉逃往高梁。重耳派人将晋怀公杀掉，于是即位为国君。吕甥和郤芮（xì ruì）准备杀害晋文公，寺人披将消息报告了晋文公。晋文公暗中与秦穆公在王城会面，秦穆公便诱杀了吕甥和郤芮。晋文公迎接夫人嬴氏回到晋国，嬴氏就是晋文公的侄媳妇怀嬴。由于怀嬴嫁给晋文公为妻，以后便又号称文嬴。

　　周朝的王子叔带率领戎人军队前去侵犯周王室，周襄王出走到了郑国，在汜（sì）地住了下来。秦穆公在黄河岸边驻军，准备护送周襄王回朝。狐偃对晋文公说："要得到诸侯的拥护，没有比勤劳王事更有效的了。这样做不仅可以得到诸侯的信任，而且也是大义所在啊。"于是，晋文公辞退了秦国的军队，顺流而下，将周襄王迎入王城，在温邑捉住王子叔带，将他杀掉。

　　晋文公朝见周襄王，周襄王将阳樊、温地、原地、攒

（cuán）茅的田地赐给了他。原地人不肯服从晋国，晋文公包围了原地，命令军队只准备三天吃的口粮，届时原地人没有投降，晋文公便命令军队撤离原地。谍报人员从原地出来说："原地人就要投降了，军中的将吏请求再等一等。"晋文公说："信用，是国家的至宝，人民赖以得到庇护。得到原地，却失去信用，用什么来庇护人民呢？这样做丧失的东西更多。"晋国退兵，才走了三十里地，原地人就投降了。

当初，晋文公作为公子在外流亡的时候，经过卫国和曹国，曹、卫两国都没有按礼节接待他。晋文公经过宋国，宋襄公却对他加以礼遇。

宋国因自己曾经善待晋文公，所以叛离楚国，亲附晋国。于是，楚国的令尹子玉率领军队讨伐宋国，包围缗地；鲁国引着楚国军队进攻齐国，占领了谷地。宋国的公孙固前往晋国告急。

晋国的先轸（zhěn）说："报答对自己的施舍，援救别人的祸患，树立威望，完成霸业，在此一举。"狐偃说："楚国刚刚使曹国归附，新近又在卫国娶妻，如果攻打曹国和卫国，楚国肯定会前去援救。这样，宋国就得救了。"因此，晋国在被庐检阅兵马，建立了三军，出兵侵袭曹国，攻打卫国。

楚国人前去营救卫国，晋国人便进入曹国，捉住曹共公，将他交给宋国人。晋文公还命令不许军队进僖负羁的家宅，并且赦免他的族人。楚国军队的令尹子玉向楚成王请求出战，晋文公以及齐、宋、秦各国的军队与楚国军队在城濮（pú）交战，楚国军队被打得大败。晋国向周襄王进献楚国的俘虏，周襄王以策书任命晋文公为诸侯的领袖。后来，晋文公又请周襄王在河阴的践土会见诸侯，所有的诸侯都朝见了周天子，只有郑国态度不明，暗属楚国。

晋文公和秦穆公包围了郑国。郑国的使者烛之武在夜间去觐见秦穆公说："郑国在晋国的东面，而秦国在晋国的西面。秦国若是以相距遥远的国家作为自己的边鄙之地，您自然知道其中的难处。您又何必灭掉郑国来增加邻国的土地呢？邻国的强盛，就是您的削弱啊。"秦穆公闻言大悦，便与郑国人结成同盟，派遣杞子、逢孙、杨孙留在郑国防守，自己便回秦国去了。

及至晋文公去世，儿子晋襄公即位，杞子从郑国派人向秦国报告说："郑国人让我掌管北门的钥匙，如果暗中发兵前来，就可以占领郑国。"秦穆公征求蹇（jiǎn）叔的意见，蹇叔说："劳顿师旅，长途奔袭，并不可取。"秦穆公没有接受蹇叔的意见，召来孟明视、西乞术和白乙丙，让他们出兵袭郑。

蹇叔在为儿子白乙丙送行的时候说："晋国人肯定要在崤（xiáo）山派兵设防。崤山有两座山陵，南面的山陵是夏王帝皋的坟墓，北面的山陵是周文王躲避风雨的地方。你必定死在这两座山陵之间，到时候让我去收敛你的尸骨吧！"

秦国军队向东进发，在滑国与郑国的商人弦高相遇。弦高首先送上四张熟牛皮，然后又送上十二头牛来犒劳将士。弦高说："我们国君听说你们行军将要经过敝地，请让我来犒劳您的随从。"同时，弦高让人乘坐驿车前去向郑国报告。孟明视说："看来郑国已经有准备了，我们不如回去吧。"于是，秦国军队灭掉滑国，然后回国。

晋国的先轸说："秦国不肯听从蹇叔的劝告，反而因贪得无厌而劳师动众，这是上天在帮助我们啊。我们不能放弃上天的帮助，不能放走敌人，一定要攻打秦国的军队。"于是，晋襄公发布命令调集军队，在崤山打败了秦国的军队，捕获了孟明视、西乞术和白乙丙而还。文嬴请求释放秦军的三位主将，让他们返回秦国去遭受诛杀，晋襄公便将他们放走了。没过多久，晋襄公又派人追赶他们，但他们已经坐在回国的渡船上了。孟明视叩头行礼说："承蒙君王惠爱，没有以我们这些俘虏的鲜血去祭祀战鼓，让我们回秦国受死。如果我们由于君王的惠爱得以不死，三年以后，我们将要前来拜谢君王的恩赐。"

秦穆公身穿素服，来到郊外，面对军队哭泣着说："由于我没有听从蹇叔的劝告，使你们几位蒙受侮辱，这是我的过错，你们有什么罪责？而且，我不会因你们犯了一次过失，就埋没你们的大德。"秦穆公重新任用孟明视处理政务。

秦穆公再次派遣孟明视攻打晋国。秦国军队渡过黄河以后，便烧毁了渡船，攻占了王宫，抵达晋国的郊外。晋国人不肯出战，秦国军队便从茅津横渡黄河，掩埋了崤山中秦国将士的尸骨，撤军回国。

秦穆公还采用了由余的谋议，出兵攻打戎人，吞并了十二个国家，开拓了千里疆土，于是秦国称霸西戎。周天子派遣召公送来一面金鼓向秦穆公祝贺，指定秦穆公为西方诸侯的领袖。秦穆公任好去世后，儿子秦康公䓨即位。从此，秦国与晋国成为仇敌，却与楚国相互通好。

5. 楚国振兴

楚国自从熊通越位称王以来，吞并各个弱小的国家，国势日益强盛。及至楚穆王商臣去世，儿子楚庄王旅即位，三年间没有发布过号令，只是日夜寻欢作乐。伍举入宫进谏，楚庄王左手搂着郑国的妖姬，右手抱着越国的美女，坐在歌舞乐队中间。

伍举走上前去说："这里有一只鸟，三年间不曾飞过，也不曾叫过，这是什么鸟呢？"

楚庄王说："虽然三年不飞，飞起来就会直冲云天；虽然三年不叫，叫起来就会使人震惊！"

伍举退出来说："我明白国君的意图了！"

过了几个月，楚庄王愈加荒淫放荡。大夫苏从又来进谏，楚庄王这才停止淫乐，亲自处理政务。楚庄王一方面诛杀了数百名坏人，一方面又进用了数百名贤人，任用伍举和苏从主持国政，国人都非常高兴。

楚国发生了严重的饥荒，戎人趁机前来攻打楚国。庸国人率领群蛮背叛了楚国。麇（mí）人率领百濮在选地聚集起来，准备进攻楚国。楚国人商量迁移到阪高去，蒍（wěi）贾说："不行。我们能够前往阪高，敌寇便也能够前往阪高，所以不如出兵讨伐庸国。麇人和百濮认为我们发生了饥荒，无法作战，才准备攻打我们。如果我们出兵进击，他们肯定会被吓回去的。"于是，楚国出兵，灭掉庸国，群蛮都随从楚庄王举行了会盟。

楚庄王之王子午鼎

宋昭公无道，弟弟公子鲍对待国人很好。宋国发生饥荒的时候，公子鲍竭尽自己的存粮借给国人；又奉养老年之人，尊敬贤能之士，对宋桓公子孙以下的亲属，没有不加以体恤的。公子鲍长得漂亮，他的嫡亲祖母宋襄公夫人王姬打算与他私通，公子鲍不肯答应，襄夫人便帮助他施舍，国人又拥奉公子鲍与襄夫人勾结串通。宋昭公准备前往孟诸打猎，还没有到达预定地点，襄夫人便指使卫伯率领驻守郊甸的军将将宋昭公攻杀。公子鲍即位，这就是宋文公。

　　晋国的荀林父率领各诸侯国的军队攻打宋国，宋国与晋国媾和。楚庄王攻打宋国，宋国向晋国告急，晋国不肯出兵，宋国便与楚国媾和。楚庄王攻打萧国，申公巫臣说："军中将士大多饱经严寒之苦了。"楚庄王巡视三军，抚慰并勉励他们，三军将士就像披上了新絮的棉衣服般温暖，终于灭掉了萧国。楚国又灭掉舒蓼（liǎo），将舒蓼划入楚国的疆界，楚国边界到达了滑水转弯处。楚国进而与吴国和越国举行了会盟，才收兵回国。

　　当时，有一位名叫夏姬的人，是一位郑国的女子，容貌极其漂亮，而且行为放荡。夏姬与哥哥子蛮通奸，子蛮年少夭亡。她嫁给陈国的夏御叔，生了儿子夏徵舒。夏御叔也因淫欲而死。

　　陈灵公与孔宁、仪行父三人与夏姬私通，都收藏着夏姬的贴身内衣，还拿着这些贴身内衣在朝中玩笑戏耍。陈灵公与孔宁、仪行父在夏徵舒的家中喝酒，陈灵公对仪行父说："夏徵舒长得像你。"仪行父回答说："也像您。"夏徵（zhēng）舒怀恨在心。陈灵公从夏氏家中出来时，夏徵舒从自家的马厩中用箭射死了陈灵公。

　　孔宁和仪行父逃往楚国。楚国的军队进入陈国以后,杀死夏徵舒,掳走夏姬,乘机把陈国改成楚国的属县。申叔时说:"楚国召集诸侯,攻打陈国,是为了声讨陈国的罪人。现在,大王把陈国变成楚国的属县,却是贪图陈国的财富了。以声讨罪人开始,却以贪图财富告终,恐怕并不可取吧。"楚庄王说:"讲得好!"于是,楚庄王重新封立陈国,立陈成公即位。

　　楚庄王准备收纳夏姬,申公巫臣劝阻楚庄王不要娶她,楚庄王只好作罢。子反也打算去娶夏姬,申公巫臣又劝阻子反没有娶她。楚庄王将夏姬送给了连尹襄老,但连尹襄老在邲(bì)地作战身亡,连尸首也没有找到。于是,他的儿子黑要又与夏姬私通。

　　申公巫臣让人对夏姬说:"你先回老家郑国去吧,让我来娶你。"因此,夏姬以寻找连尹襄老的尸骨为理由,回到郑国。于是申公巫臣谋得一个出使齐国的差使,借机前往郑国,娶了夏姬,逃到晋国去了。

　　子反得知申公巫臣娶了夏姬,心怀愤怨,便杀害了申公巫臣的族人,瓜分了他的家产。

　　申公巫臣为晋国向吴国通好,教给吴国人驾驶战车、布列战阵的技术,让他们叛离楚国。属于楚国的蛮夷,全部被吴国夺取过去。从此,吴国开始壮大起来,与中原诸侯也有了交通往来。

　　大约夏姬擅长彭祖流传下来的交接之术,所以曾经三次由老变少,而申公巫臣肯定是打算娶到夏姬,以便承传她的交接之术。夏姬嫁给申公巫臣后,又生了儿女数人。她活到一百多岁时，仍然像二三十岁的样子。后来，夏姬与申公巫臣都成仙而去了。她的著作有一部《夏姬秘诀》，全书二十七卷，讲的全是男女采补交接方面的事情。这部书没有流传下来，但其内容实际上就是现在的狐媚术。

郑国接受楚国的盟约后，又两属于晋国，楚庄王便包围了郑国。晋国的荀林父前去营救，与秦国在邲地交战，晋国军队大败，郑国便归属楚国。

当初，楚庄王设宴招待群臣，命令美人巡行酌酒劝饮。日暮时分，大家酒兴正浓，忽然灯烛灭了。有一个人暗中去拽美人的衣服，美人扯断了那人的帽带，要求点上灯烛查找此人。楚庄王说："怎么能够因显扬一个女人的节操，就去侮辱一位士人呢？"他下令说："今天大家与我喝酒，不除去帽带，我就不高兴了。"群臣都把自己的帽带除去，才点上了灯烛，大家极尽欢乐而去。及至楚国发动包围郑国的战事，有一个臣属经常冲锋在前，五次交战，五次取下敌人首级，于是楚国取得了胜利。楚庄王询问此人是谁，才知道他是在夜间被美人扯去帽带的那个人。于是，楚庄王便将美人赐给他。大家心悦诚服，楚国即称霸诸侯。楚庄王旅去世，子楚共王即位。晋悼公周重振霸业，晋国三次出兵，楚国都不敢争锋。

6. 吴越争锋

在春秋时期，自晋文公以后，晋国在北方称霸，北方的诸侯由晋国主持；楚国在南方称霸，南方的诸侯由楚国主持。

齐国服从晋国,秦国服从楚国,而郑国是南北两霸的必争之地。郑国服从晋国,楚国就来讨伐郑国;郑国服从楚国,晋国就来讨伐郑国。所谓讨伐的真实目的,就是将军队开入这个国家的乡邑之中,奸淫妇女,掳掠人民。如果这个国家屈服了,就订立一项盟约,而把土地人口还给这个国家,并不极力屠杀人民。所以,郑国的风气,不过是妇女行为淫乱,但郑国还是可以立国的。这种局面持续了八十多年,郑国几乎濒于灭亡。后来,赖有子产执政,善于治理国家,又善于侍奉大国,便使郑国在四十多年时间里不曾遭受战火。

宋国的向戌与晋国执政赵文子交好,又与楚国的令尹子木友善,便倡议晋、楚两国重归于好,停止战争,消除争端,在宋国举行会盟。会盟规定,除了齐国和秦国外,让晋、楚两国的属国互相朝见,于是晋、楚两国平分霸权。楚国的属国陈侯、蔡侯、北燕、杞伯、胡子、沈子、白狄向晋国朝见;晋国的属国宋公、鲁侯、郑伯、许男向楚国朝见。这种局面一共持续了十八年。

自从晋国在平丘与诸侯举行会盟后,晋国便再不能够主持诸侯。这一年,楚国的公子比杀死楚灵王,公子弃疾又杀死公子比自立,这就是楚平王。

楚平王任命伍奢担当太子建的师傅,让费无极担当副职。楚平王为太子建在秦国娶妻,费无极参与迎娶,先行回国,对楚平王说:"秦女极其俊美,大王应该自己去娶她。"楚平王便娶了秦国的女子,将太子建安置在城父。费无极又谗毁太子建准备反叛,楚平王逮捕了伍奢,派遣司马奋扬杀太子建。司马奋扬将实情告诉太子建,并劝他出走,太子建逃亡到宋国。楚平王又让人召回伍奢的两个儿子,伍尚奉命而回,弟弟伍员逃亡到吴国去了。

楚平王杀害了伍奢和伍尚,伍员打算报仇,便向吴国请求任用自己。自从申公巫臣来吴国,教战事,吴国逐渐强大起来。到了寿梦称王时,寿梦有四个儿子,长子诸樊、次子馀祭、三子馀眛、四子季札。季札甚为贤明,寿梦打算将季札立为太子,季札推让不从,这才立诸樊为太子,约定四兄弟依照排行先后次序相传,一定要将国家交给季札。

季札的三个哥哥都因耽于酒色,放纵佚乐,寿命不长,及至馀眛去世,寿梦将国家交给季札,季札便逃走了。吴国人将馀眛的儿子僚立为嗣君,诸樊的儿子公子光指使专诸杀死王僚,自立为国君,这就是阖闾(hé lú)。阖闾任用伍员,还任命孙武子为大将,前去攻打楚国。经过五次交战,吴国军队打到郢都,楚昭王逃奔随国。吴国人进入郢都,按照上下次序住进楚国的宫室,奸淫楚国的妇女,孙武便离去了。伍员让人取出楚平王的尸体,抽了三百鞭子。

申包胥向秦国请求救兵,秦哀公让他到宾馆歇息,申包胥靠着院墙大哭,在七天时间里没有喝过一勺水。秦哀公为他作了《无衣》一诗,秦国才出兵进发。申包胥带领秦国军队营救楚国,此时越国乘着吴国军队正在楚国之机,起兵开进吴国。阖闾得知越国军队进入本国,与秦国作战又不能取胜,便放弃楚国,返回吴国。

楚昭王进入郢都，恢复了王位。吴国前去攻打越国，越王勾践率兵抵御，在檇（zuì）李打败了吴国军队，阖闾因大脚趾受伤而死去，儿子夫差即位。夫差派人站在庭院中，让他在自己每次经过这里的时候，一定大叫："夫差，你忘记越王杀了你的父亲吗？"吴王夫差便回答："没有。我不敢忘记。"到了第三年，夫差便去向越国复仇。

吴国攻打越国，在夫椒将越国打败，进入越国。越王勾践带着披甲执盾的将士五千人栖居在会稽山上。他采用范蠡（lí）的计策，让大夫文种通过吴国的太宰嚭（pǐ）向吴国求和。夫差准备答应下来，伍员认为不可，夫差不肯听从。伍员退出来告诉人们说："越国用十年时间生息积聚，用十年时间教育训练，二十年以后，恐怕吴宫要成为沼泽了！"

吴国与越国媾和以后，勾践返回越国，身任劳苦，殚精竭虑，蓄养士人，爱护民众。他与范蠡、文种商量图谋吴国的计策，将一位古今绝色、如花似玉、国色天香的美女西施送给吴国。西施得到宠爱后，便引导吴王荒淫佚乐，败坏国政。吴国内部沉湎于女色，外部荒废于兵火，国家日益岌岌可危。伍员屡次进谏，吴王反而让他自裁而死。

吴国前去攻打齐国，在艾陵将齐国军队打败。吴王与晋定公在黄池举行会盟，吴国称霸诸侯。越王勾践夜以继日地图谋吴国，生息积聚，教育训练，知道民众可用，便趁着吴国与晋国会盟之时，乘虚攻打吴国。吴王战败，栖居在姑苏，派人与越国媾和。越王勾践准备答应下来，范蠡认为不能许可，勾践听从，夫差自杀。

勾践率兵向北渡过淮水,与齐晋等诸侯在徐州举行会盟,并向周天子进献贡物。周天子派人颁赐祭酒祭肉,指定越王为霸主,让越王指挥齐、楚、秦、晋等国,歃血结盟而去。越国在长江和淮水流域横行无阻,诸侯都向越王祝贺。及至范蠡离去,文种被杀,越国的势力逐渐衰弱下来。此后,晋国的六卿瓜分晋国,分为韩、赵、魏三个国家,加上田和篡夺齐国,新产生的国家有四个,加上原有的秦、楚、燕三个国家,这就是战国七雄。及至秦孝公采用商鞅的谋略,使秦国逐渐强盛起来,吞并六国的形势便形成了。

7. 孔孟成儒

在春秋时代,被杀掉的国君有三十六人,被消灭的国家有五十二个。东奔西逃,不能保全宗庙社稷的诸侯,多得无法计算。对于男女乱伦的事情,人们处之泰然,不以为怪。在各国的公卿大夫中间,甚至有调换妻妾饮酒作乐的。先师孔子为世道人心深怀忧虑戒惧,便依据鲁国的史籍撰写了《春秋》一书,成为历代君王的根本大法,万物的准则和百姓的常道也因为有了这部书而得以不曾失坠。

孔子名丘,字仲尼,鲁国人,出生地为如今的山东曲阜县,是宋微子启的弟弟微子衍的后人。微子衍号微仲,历经五代传承,传位给弗父何,弗父何让位给他的弟弟宋厉公,而本宗累世担任宋国的卿士。弗父何生宋父周,宋父周生世父胜,世父胜

西周　丰卣

生正考父，正考父生孔父嘉。至此弗父何的五世亲缘关系到了尽头，便另外形成公族，开始以孔为姓氏了。

宋国的华督在路上看到孔父嘉的妻子，目光盯着她走过来，又盯着她走过去，说了一声："真是既漂亮，又艳丽啊。"于是，华督杀孔父嘉，娶走他的妻子。孔父嘉生金父，金父生夷，夷生防叔。防叔为了躲避华督发起的变乱，逃亡到鲁国。防叔生伯夏，伯夏生叔梁纥（hé）。叔梁纥生了九个女儿，却没有子嗣。

叔梁纥的妾生孟皮，孟皮患有足疾，叔梁纥便又向颜氏求婚。颜氏有三个女儿，其中幼女名叫徵在。颜父问三个女儿说："虽然陬（zōu）大夫的父祖两辈都是士人，然而他们的先人是圣王的后人。如今叔梁纥本人身高十尺，勇武有力，无与伦比，我非常想让他做女婿。虽然他的年纪大了，性情又很严厉，但是不足以成为疑虑。你们三人谁肯做他的妻子？"两个女儿没有回答，徵在走上前来说："我遵从父亲的安排，父亲还用问什么呢？"父亲说："看来你愿意啦。"于是颜父便把徵在嫁给叔梁纥为妻。

传说徵在祈求生一个儿子，便在尼丘山上祷告。徵在上山的时候，草木的叶片都向上竖起；及至祷告完毕下山的时候，草木的叶片都垂了下来。当天夜里，徵在梦见黑帝召见她，告诉她说："你会有一个圣子的。"徵在醒来，便怀了身孕。在周灵王二十一年庚戌十月庚子，即夏历八月二十七日，徵在在鲁国昌平乡生了孔子。

在孔子诞生前,有一匹麒麟在网里吐出玉书,玉书上写着:"水精的儿子,将继承衰落的周室而成为素王。"颜氏感到奇怪,将一条丝带系在麒麟的角上,麒麟连宿两夜而去,徵在怀孕十一个月而生孔子。在孔子诞生的时辰里,有两条龙环绕着房屋盘旋,有五星之精降临在庭院之中。颜氏在房中听到上天的音乐,听见天空中有一个声音说:"上天降生圣子!"

　　孔子生来便有奇特的相貌,牛唇虎掌,鸳肩龟背,大口突喉,额头的形状有如屋檐上仰起的瓦头,中间凹下,四周反而凸起,胸脯上写着:"以著作规定世间的符命。"父亲叔梁纥说:"这孩子禀受了尼丘山的灵气。"因而给他起名叫丘。

　　孔子生后三年,父亲叔梁纥死去,安葬在鲁国东部的防山。孔子六岁时,做儿童的游戏,曾经陈列几案,摆设祭器,做出安排礼仪的样子。孔子十七岁时,鲁国的大夫孟僖子在快要病死之前,告诫自己的后人懿子和他的弟弟南宫叔敬,前去向孔子学礼。十九岁时,孔子娶了宋国的亓(qí)官氏为妻。二十岁,担任鲁国负责仓库保管和会计事务的小官吏,计量公平准确。二十一岁,担任鲁国管理牧场、饲养牲畜的小官吏,放养的牲畜繁殖迅速。这一年,儿子孔鲤诞生。

　　孔鲤诞生时,恰巧鲁君把鲤鱼赐给孔子,孔子以鲁君的赏赐为荣耀,因而给儿子起名叫鲤,字伯鱼。

　　二十二岁时,孔子开始在阙里教书,颜回、闵损等都来受业学习。二十四岁时,孔子的母亲颜氏死去,孔子将母亲与父亲合葬在防山。二十七岁,郯子前来拜见孔子,孔子见到郯子后,便向他请教官制。二十八岁，孔子去见郯子，向他学习礼仪。不久，孔子对人们说："天子失去法度，学问保存在四夷，的确如此！"二十九岁，孔子得知师襄擅长鼓琴，便前去学习。

孔子三十一岁时，齐景公派遣使者前来聘用，孔子便前往齐国。齐国有一只一足鸟，飞落在齐景公的朝堂上，展翅跳跃。齐景公让人去请教孔子，孔子说："此鸟名叫商羊，是水中的祥异。以往小孩子一边弓起腿来，振起双肩，向前跳跃，一边唱起歌谣说：'将要有大雨从天而降，商羊就会欢跃起舞。'看来将要发大水，造成灾害了。"没过多久，大雨连绵，河水暴涨。齐景公说："圣人的话，的确是信而有征的。"

孔子三十二岁时，齐景公打算以廪丘邑的租税奉养孔子，孔子辞谢。孔子对弟子说："我听说过，君子应当凭自己的功劳接受奖赏。现在，齐君并没有实行我的主张，却先赐给我封邑，他也太不了解我的为人了！"

孔子三十四岁时，对南宫敬叔说："我听说周朝有一位名叫老聃（dān）的人，博古通今，通晓礼乐的本原，明了道德的指归。这样说来，他便是我的老师了！现在我就准备前去学习。"南宫敬叔把孔子的打算告诉给鲁昭公，鲁昭公赐给孔子车马和侍从车驾的人员。

孔子与南宫敬叔一起前往周朝去见老聃，向他学礼。老聃说："你所谈到的礼制，它们的制定者连人带骨都早已朽蚀了，只有他们的言论还留在世上。况且君子在为时势所用的时候便入世为官，在不为时势所用的时候便隐居自处。我听说，高明的商人把货物隐藏起来，看上去就像一无所有。君子具有高尚的德行，表面看去却像一个愚人。凡自负聪明，苛察为能的人，经常会遇到死亡的威胁，这是由于他们喜欢非议别人的缘故；博学善辩，好高骛远的人，经常会使自身陷于危险的境地，这是由于他们喜欢揭发别人的缘故。作为子女，在父辈面前不要总是显示自己；作为臣下，在君主面前不要总为个人利益打算。你回去以后，如果能够要求自身做到我说的这些，你距离大道就不算太远了。"

孔子还去访问苌弘（cháng hóng），向他请教音乐。孔子参观明堂，看到四门旁边的墙壁上绘有唐尧、虞舜、夏桀、殷纣的肖像，又绘有周公抱着周成王，背依屏风，朝见诸侯的画图，孔子便对随从的人们说："明镜是照见形影的用具，了解古代历史是通晓当今世务的途径。人君不能够致力承袭古人获得安定的经验，却又忽视了古人招致危亡的教训，这就像脚步向后倒退，却希望赶上前面的行人一样，这难道不是执迷不悟的表现吗？"

孔子又走进后稷的庙堂，庙堂中有一座金人，紧紧地闭着嘴，背后刻有一段铭文："古人对议论别人是非常慎重的，引以为戒吧！不要多言，多言就会遭受更多的失败；不要多事，多事就会招来更多的灾难。在安乐的时候一定要保持戒惧之心，不要去做使自己后悔的事情。

"不要认为这没有什么损伤，其中的祸殃将会逐渐滋长；不要认为这没有什么害处，其中的祸殃将会逐渐变大；不要认为自己所做的事情没人知道，神明将窥伺着每一个人。不去扑灭初起的微火,火势炽盛以后还有什么办法?不去堵塞涓涓细流,就会汇成江河;不去剪除细小的丝线,有时也会编成罗网;不去扎束细枝末梢,就会遭到斧头的砍伐。如果能够谨言慎行,这就是得福的根本;嘴有什么危害?它是招致祸患的大门。

"强横的人不会得其善终,好胜的人必定碰到对手。强盗憎恨主人,百姓怨恨上司。君子知道不能够凌驾于天下之上,所以便置身下方;知道不可以抢在众人的前面,所以便置身后方。君子温顺谦恭,慎于道德,使人仰慕。君子柔弱退藏,甘居下风,无人超过。人们都向那边趋附,唯独君子在这边坚守;人们都迟疑不决了,唯独君子坚定不移。

"君子把自己的智慧埋藏在心中,不肯向人显示技艺。君子的地位虽然十分高贵,但是没有人会去伤害他。这就如同江海虽然卑下,却比百川更为宏大,这是因为江海肯于处在下方的缘故。天道无所偏袒,经常赞助善人。引以为戒吧!"

孔子对弟子说:"你们记住,这段话内容切实,合乎情理。"

孔子从周朝返回鲁国以后,学问日益高深,受到尊崇,弟子更为众多,从远方赶来受业的学生大约有三千人。孔子三十五岁时,鲁昭公逃亡在外,孔子也来到齐国,在齐国的馆舍中住下,齐景公亲自登门拜访。宾主之间的使者已经开始接触,这时侍从人员禀告说,周朝的使者来了,说是先代君王的庙堂发生灾害。

齐景公问:"是哪一位君王的庙堂?"孔子说:"肯定是周釐王的庙堂。"齐景公说:"你怎么能够知道?"孔子说:"周釐王变更了周文王的政教法令，用五彩丝帛制作华丽的服饰，宫室高大，车马奢侈，却不能够振举朝政，这是应该遭受天灾的。"

过了一会儿，果然来人报告说发生灾害的是周釐王的庙堂。齐景公说："讲得好啊！圣人的智慧，比常人高明得太多了！"

孔子三十七岁时，在齐国听到歌颂帝舜的《韶》乐，一连三个月都被其陶醉，而尝不出肉的滋味，齐国人对他大加称赞。齐景公向他请教为政之道以后，大为高兴，准备将尼溪的田地封给孔子，晏婴从中阻止，孔子便离开齐国，返回鲁国。

四十二岁时，孔子住在鲁国，季桓子在打井的时候得到一个土罐，土罐中有一只像羊的东西，便去请教孔子，而说得到的是狗。孔子说："据我所知，你得到的是羊。我听说过，山林中的怪物是一只脚的夔（kuí）龙和山精鬼怪，水中的怪物是龙和水怪罔象，土中的怪物是不分雌雄的羵（fén）羊。"

吴国攻打越国，毁坏了会稽城，得到有一辆车那么长的一架人骨。吴国派人向孔子请教说："什么人的骨头最大？"孔子说："大禹在会稽会见群臣，防风氏的国君迟到了一步，大禹便将他杀死，并且陈尸示众。他的骨头有一辆车那么长，这就是最大的骨头了。"

吴国使者又问："谁是神？"孔子说："山川中的神灵，能够兴云致雨，造福天下，所以，守护山川，主持祭祀，这就是神。"吴国使者又问："防风氏守护何方？"孔子说："汪罔氏的国君，守护封山和嵎（yú）的山。汪罔氏为釐姓，在虞、夏、商时代称作汪罔,在周朝称作长翟,如今称作大人。"客人问:"人都有多么高的?"孔子说:"僬侥(jiāojiǎo)氏身高三尺,这是最矮小的人。高大的人不过十尺,这便到了人的高度的极限了。"吴国的使者说:"讲得好啊,真是圣人!"

孔子四十四岁时,住在鲁国。当时,季孙氏势力强大,行为不轨,阳虎专擅国政。孔子不肯出来做官,退居家中编修《诗》《书》《礼》《乐》,弟子愈加众多。

四十六岁时,孔子仍住在鲁国,参观了鲁桓公的庙堂,庙堂中有一件倾斜易覆的器物。孔子询问庙堂的看护人:"这是什么器物?"看护人说:"这是置于座右的器物。"

孔子说:"我听说,置于座右的器物,如果不盛水,器身就会倾斜不正;如果盛水恰到好处,器身就会保持中正;如果盛水过满,器身就会完全倒下。贤明的君主把此物作为对自己的告诫,所以经常将它放在座位旁边。"

他看着弟子说:"你们试着往里面倒水吧。"弟子把水倒了进去,果然是在盛水适宜的时候器身中正,在盛水过满的时候器身倒下。孔子叹息着说:"唉,哪里会有满盈了而不倾覆的事物呢!"

子路上前说:"请问保守成业有什么办法吗?"孔子说:"以愚笨保守聪明睿智,以退让保守遍及天下的功劳,以怯懦保守震动人世的勇力,以谦虚保守所拥有的天下。自己在盛满时经常保持戒惧谦虚,这就是人们所说的道了。"

孔子四十七岁时,鲁定公任命他为中都宰。这时,孔子制定了息养民生、临老送终的礼仪，使成年人与儿童分别进餐，强健的人和衰弱的人担当不同的责任，男人和女人各自分途而行，于是路有所失，人不私取，使用的器物都没有雕饰，市场上的物品没有两种价格。

孔子还规定棺厚四寸，椁厚三寸，靠着丘陵安置坟墓，既不培土，也不植树。孔子的主张实行了一年，各地都来效法孔子。鲁定公说："学习你的办法，用来治理鲁国，你看行吗？"孔子回答说："就是用来治理天下也是可以的，岂止可以用来治理鲁国呢！"于是，鲁定公任命孔子为司空，孔子便区别了五种土壤的特性，使万物都得到了适宜的生长条件。

孔子在五十一岁时担任了鲁国的司寇，代理行使国相的职权。孔子办理朝政，在第七天便在宫殿门外的高台上诛杀了扰乱朝政的大夫少正卯。

子贡上前说："少正卯也算是鲁国的知名人物。如今先生执政一开始就将他杀掉，也许太过分了吧！"孔子说："天下有五种大恶，而盗窃还不包括在内。心怀不轨而又用心险恶，行为邪僻而又坚定不移，言论诈伪而又能言善辩，记录丑事而又广知博闻，坚持谬论而又闪烁其词，如果有人将这五条集中于一身，就无法避免君子的诛讨，而少正卯便兼而有之。此人是人中奸雄，所以不能不将他除掉。"

孔子五十二岁时，齐国大夫犁鉏（chú）对齐景公说："鲁国任用孔子，势必危及齐国。"于是，齐景公派遣使者通知鲁国举行通好的会见，约定在夹谷相会，鲁定公准备乘车前往。当时孔子代理宰相的职务，便说："我听说过，举行文事活动，必须做好武装戒备，请让左右两司马都随从您赴会吧。"鲁定公说："好吧。"

鲁定公在夹谷与齐景公会面，在那里修建了坛场，备好了席位，设置了土阶三级，两国君主按照会晤的礼节相互见面，拱手谦让着登坛。在彼此馈赠酬答的礼仪结束以后，齐国的礼官快步走上来说："请演奏各地的音乐。"齐景公说："好吧。"于是齐国乐队挥动旗帜，头插羽毛，身着皮装，手执矛、戟、剑、盾，大声喧闹着走上前来。这时，孔子也快步上前，一步两阶地迅速登坛，举袖一挥说："我们两国君主举行友好会晤，为什么要在这里演奏夷狄的音乐？请命令礼官停止演奏。"齐景公心中惭愧，挥手撤去了乐队。

过了一段时间，齐国礼官又请求演奏宫廷音乐，齐景公说："好吧。"于是齐国的歌舞艺人和矮小侏（zhū）儒嬉戏着走上前来。孔子又快步上前说："对于那些胆敢戏弄诸侯的平民百姓，罪当诛除，请下命令予以处治！"齐国人无言以对。

孔子说："由齐国处治他们和由鲁国处治他们是完全一样的，鲁国的左右司马还不快快动手！"鲁国的左右司马依法处置，那些艺人和侏儒都身首异处了。

齐景公大为恐惧，也深受触动，知道齐国在道义上不如鲁国，便归还了侵占鲁国的郓地、汶阳和龟阴的田地，表示承认过错。

孔子五十四岁时，对鲁定公说："臣属不应该储存武器，大

东汉 西王母钱树座

夫不应该拥有高达一丈、长达三百丈的城邑。现在，孟孙氏、叔孙氏、季孙氏三家超过定制，请予以裁减。"

孔子派遣仲由担任季氏的邑宰，准备毁除三家所拥有的郈（hòu）、费（mì）、郕（chéng）三座都邑，于是叔孙氏率先毁除了郈城。季孙氏准备毁除费城，公山不狃（niǔ）和叔孙辄便率领费人前去袭击鲁君。鲁定公与孟孙、叔孙、季孙三人躲进季孙氏的住宅，登上了武子台。费人攻打此处，未能取胜。孔子命令申句须和乐欶（kài）下台反攻，费人败退。鲁国人乘胜追击，在姑蔑又打败了费人。公山不狃和叔孙辄逃亡到齐国，于是毁除了费城。

当准备毁除郕城的时候，公山不狃对孟孙说："如果毁除郕城，齐国人肯定要打到北门来的。况且郕城是我们孟孙氏的屏障，没有郕城，也就是没有孟氏了。我不打算将它毁除。"十二月，鲁定公包围了郕城，但没有攻克。

孔子五十五岁时，担当鲁国的宰相，鲁国政治修明。齐国人闻讯恐惧，便采用犁鉏的计策，向鲁国赠送女乐。季桓子接受女乐后，一连三天，不肯办理政务，在郊外举行祭祀的时候，又没有向大夫们赠送祭肉。孔子见此情形便离开鲁国，前往卫国，在子路妻兄颜浊邹的家中住下。

孔子五十六岁时，住在卫国。卫灵公给孔子送来粟米六万。过了没有多久，有人向卫灵公诬陷孔子，卫灵公派人带着兵仗护卫孔子。孔子唯恐得罪卫君，住了十个月，便离开了卫国。

前往陈国，途中经过卫国的匡地，颜高驾驶车马，孔子用马鞭指点着说:"往日我与阳货来到匡地,城墙的那个缺口,就是当年遭受攻打的地方。"匡地人听到此言,以为孔子是鲁国的阳虎。

阳虎曾经对匡地施行暴力,而孔子的相貌又与阳虎相似,匡人便将孔子拘禁了五天。弟子们害怕了,孔子却说:"在文王没世以后,周代的礼乐典章难道在这里就不复存在了吗?"便让随行人员向卫国的臣属宁武子请求解救。匡地人说:"我们以为他是阳虎,所以将他拘禁。现在知道他不是阳虎,自然要将他释放。"孔子路经蒲地,当时子路正在治理此地,孔子认为他施政有方。住了一个多月,孔子又返回卫国,住在蘧(qú)伯玉的家中。

卫灵公的夫人南子,非常美貌,很有姿色,过去曾经与宋朝私通。宋朝,是男子中俊美多姿的人物。他既与卫灵公的母亲襄姜私通,又与卫灵公的夫人南子私通。宋朝感到恐惧不安,便发起变乱,逃亡到晋国,又由晋国归附宋国。南子思念宋朝,无法忘怀,卫灵公便又为南子将宋朝召回卫国,对宋朝与南子这一男一女并加宠爱。

尽管南子有淫荡的行为,但也贤能聪慧。有一次,南子与卫灵公在夜间闲坐,听到隆隆的车声来到宫门前便戛然而止,过了宫门却又重新作响。

南子说:"这一定是蘧伯玉。"卫灵公说:"你是怎么知道的?"南子说:"君子不会因置身在光天化日之下就粉饰自己的操守,也不会为隐没在昏昧不明的夜间便不检点自己的行为。我听说蘧伯玉是一位君子，所以我知道准是他。"卫灵公派人前去询问，果然就是蘧伯玉。

孔子住在蘧伯玉家中，南子让人对孔子说："来到卫国而又想与我们国君建立交情的各国君子，必定前来见我。我希望也能见到你。"孔子起初还婉言推辞，后来迫不得已，便入宫去见南子。

孔子进门以后，面向北方，俯首跪拜。南子回礼，环佩撞击，叮咚作响。孔子与南子隔着纱帘互相见面以后，便出了内宫。过了一个多月，卫灵公与南子同车而行，宦官雍渠在右首陪坐，让孔子坐在第二辆车上，大摇大摆地走过街市。孔子羞愧不堪，便离开卫国，前往曹国。

孔子又离开曹国，前往宋国。

他与弟子在大树下演习礼仪的时候，宋国的司马桓魋（tuí）打算杀害孔子，便将大树砍倒。于是，孔子换上平民的服装，经过宋国，前往郑国，途中与弟子失散。

孔子独自站在外城东门前面，有一个郑国人对子贡说："东门有一个人，他的前额像帝尧，后颈像皋陶，肩膀像子产，然而由腰部以下比大禹还相差三寸，他那憔悴而又颓丧的样子，就像一只丧家之狗。"子贡以实相告，孔子欣然欢笑着说："说到形体相貌，那并不重要。至于说我像一只丧家之狗，的确说得不错！"于是，孔子前往陈国，在司城贞子的家中住下。

孔子五十九岁时，由陈国经过蒲地，适逢公叔氏率领蒲人叛乱，蒲人又将孔子拘留。有一个名叫公良孺的弟子，带着五辆私人马车跟随着孔子。公良孺贤明而勇敢，他说："以往我随从先生在匡地遭遇磨难，现在又在此地遭遇磨难，这是命中注定的啊。如果我与先生再次遇到磨难，我宁可搏斗而死。"他搏斗甚是勇猛，蒲人为之恐惧，便对孔子说："如果你不前往卫国，我们就把你放了。"孔子向蒲人立下盟誓，蒲人便将孔子放出东门，而孔子却又前往卫国。子贡说："连盟誓也可以背弃吗？"孔子说："这是在受到别人要挟的情况下立下的盟誓，神明是不认可的。"卫灵公听说孔子来了，便前往郊野迎接。他问孔子："可以攻打蒲地吗？"孔子回答说："可以。"卫灵公说："我国的大夫认为还不可以攻打。现在的蒲地，是卫国防御晋楚两国的前哨，恐怕还是不攻打的好吧？"孔子说："那里的男子有死守蒲地的决心，那里的女子有保卫西河的意愿。我主张讨伐的人，只不过是与公叔氏共同发动叛乱的四五个人。"卫灵公说："好。"却并不发兵攻打蒲地。

晋国的佛肸（xī）担任中牟邑长官。赵简子攻打范氏和中行氏，讨伐中牟。佛肸反叛，派人去叫孔子，孔子打算前往，子路很不高兴，孔子终未成行。孔子准备西行去见赵简子，来到黄河岸边时，却听到了窦鸣犊与舜华二人被杀的消息。

孔子面对黄河，叹息着说："浩荡的黄河之水真是壮美啊！我不能渡过黄河，这是命运的安排。"子贡说："您说的是什么意思？"孔子说："窦鸣犊与舜华两人都是贤明的大夫，在赵氏尚未得志的时候，由于任用了他们二人，才得以执政。君子不愿意损伤自己的同类，所以我才这样说。"

孔子又返回卫国，在蘧伯玉的家中住下。后来，卫灵公向孔子请教作战的阵法，孔子回答说自己没有学过。第二天，卫灵公与孔子谈话，看到大雁飞过，便仰头观望，并不专心听孔子讲话，于是孔子离开卫国，又一次前往陈国。

孔子六十岁时，住在陈国。夏季，鲁桓公和鲁僖公的庙堂发生火灾，南宫敬叔赶去救火。孔子闻讯便说："火灾肯定是发生在鲁桓公和鲁僖公的庙堂之中。"不久便证实果真如此。

秋季，季桓子病重，便对儿子季康子说："我死后，你肯定会做鲁国的宰相。做了鲁国的宰相后，你一定要召回孔子。"

季康子继位以后，打算将孔子召回，公之鱼却说："以往我们先君不能够始终任用孔子，遭到诸侯的讥笑。现在要是又不能够始终任用他，这就要再一次被诸侯所笑话了。"季康子说："然而，我们把谁召回来更合适一些呢？"公之鱼说："一定要把冉求召回来。"因此，季康子便派遣使者去召冉求。在冉求准备启程的时候，孔子说："鲁国人将冉求召回去，不会只是委任他一个无足轻重的职务，而是准备委以重任的。"就在这一天，孔子发出了"归去吧，归去吧"的感叹。

孔子六十一岁时，由陈国前往蔡国。六十二岁时，由蔡国前往叶邑，叶公向他请教治理国家的办法。不久，孔子又返回蔡国。有子路向长沮（jǔ）桀溺询问津渡等各个篇章记录的史事。六十三岁时，孔子在陈国和蔡国一带活动。

楚国派人延请孔子，孔子准备前去回拜答礼。陈、蔡两国的大夫计议说："如果孔子被楚国所任用，陈国和蔡国就危险了。"陈、蔡两国就共同调集步兵,把孔子围困在野外。

孔子说:"《诗》说:'我既不是犀牛,也不是老虎,却要在旷野上走来走去。'难道是我奉行的主张有问题吗?为什么我会被困在这里?"子贡说:"先生奉行的主张最为博大,所以天下不能够相容。"颜回说:"不能被天下相容又有什么妨碍,不能被天下相容,然后显示出君子的风采。"

孔子在遭受包围的时候,仍然为弟子讲授学业,毫不懈怠。孔子让子贡去到楚国,楚昭王发兵前来迎接,此后孔子才得以脱身。当时,楚昭王正在横渡长江,有一样东西碰在楚昭王的船只上,楚昭王让人前去请教孔子。孔子说:"这是萍实,它的味道甘甜如蜜。"来人说:"您怎么知道这是萍实呢?"孔子说:"过去我前往郑国,在来到陈国野外的时候,听到儿童唱着歌谣说:'楚王在渡江的时候得到萍实,像斗一般大,如太阳一般红,剥开萍实吃了它,甘甜犹如蜜。'恐怕楚王碰到的就是萍实了!"经过验证,果然不错。

楚昭王准备把七百里书社之地封给孔子,楚国令尹子西从中阻挠,楚昭王这才作罢。孔子便由楚国返回卫国。

孔子六十四岁时,住在卫国。在此之前,卫灵公的夫人南子与宋朝通奸,卫灵公的太子蒯聩(kuǎikuì)向齐国进献土地,路过宋国的郊野,郊野上的人唱着歌谣说:"已经稳住了你们的母猪,何不归还我们的仔猪?"太子蒯聩深感羞愧,对戏阳速说:"你随我去朝见少夫人,看到我以目光示意,你就将她杀掉。"戏阳速说:"遵命。"于是他们便去朝见夫人南子。太子蒯聩三次以目光示意，戏阳速都不肯上前动手。

夫人南子看到蒯聩的神色不对头，便哭泣着逃走，还说："蒯聩想杀死我。"卫灵公拉着南子的手，登上高台。太子蒯聩逃亡宋国，卫灵公把蒯聩的同党尽数驱逐。及至卫灵公去世，蒯聩的儿子卫出公辄即位。蒯聩打算回国，卫出公不愿意发兵抵制蒯聩。诸侯也屡次就蒯聩之事责备卫出公。

卫出公打算任用孔子来治理国政，子路问孔子："卫君等着您去治理国政，您准备首先去做哪一件事情？"孔子说："果真如此，我就先来纠正卫国的大义名分！"子路说："您的迂腐竟然已经达到如此地步！您又如何能够纠正？"因此子路便在卫国做官。

孔子六十六岁时，夫人亓官氏去世。过了整整一年，孔鲤还在哀哭。孔子听见哭声就问："是谁在哭泣？"门人说："是孔鲤。"孔子说："嘻，他也太过分了。"孔鲤闻言，便不再哭泣。

六十八岁时，孔子住在卫国。冉有担任了季孙氏的将领，与齐国军队在郎地作战，打败了齐军。季康子问："你的用兵之道，是学习得来的呢，还是天生就有的呢？"冉有说："我是从孔子那里学习来的。"季康子说："我打算召孔子回国任事，你看可以吗？"冉有回答说："如果准备召用孔子，就别让小人居中离间，这就可以了。"于是，季康子带着礼物去迎接孔子。

孔子来到鲁国，鲁哀公向孔子请教治理国政的办法，但终究不能够任用孔子。孔子便讲述《书》的大意，编排上起于唐尧虞舜时期，下至于秦穆公在位期间的历史；将三千首古《诗》删订

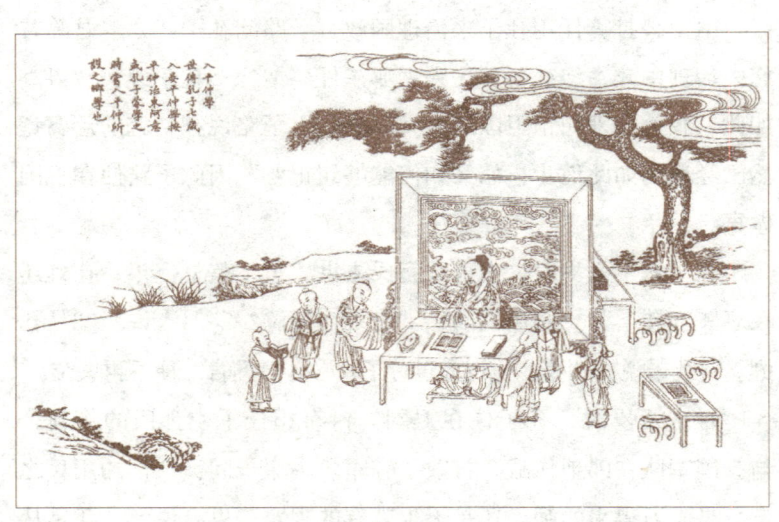

孔子传习

成三百零五篇。

孔子晚年喜欢研读《周易》，勤奋所至，连编联竹简的皮条都磨断了好几次。还编订了《礼记》一书。孔子六十九岁时，儿子孔鲤死去。孔子七十一岁时，正当鲁哀公十四年春季。

鲁哀公在西部的大野打猎，叔孙氏的驾车人子商捉到一匹麒麟，左足已经受伤。他看到这匹麒麟长得像一匹獐子，头上却生着双角，认为不是吉祥之物，便将麒麟赏赐给虞人。孔子仔细看过以后说："麒麟啊，你为什么要在世上出现？"他用衣袖掩面哭泣，眼泪沾湿了袍子。又说："麒麟出世，却死去了，我奉行的主张无法实现了。"于是，孔子依据鲁国的史书撰写《春秋》一书，起于鲁隐公元年，止于鲁哀公十四年，记叙了由周平王到周敬王在位期间的十四位君王，一共二百四十二年的历史，在鲁国捉获麒麟以后便搁笔不写了。

孔子对于鲁史旧文，该写入的就写入，该删除的就删除，像子夏那样一些擅长文章，博学多识的人物，也连一个字都无从增删。

孔子拥有弟子三千人，一身兼通六艺的弟子有七十二人，他们是：颜回、闵损、冉耕、冉雍、端木赐、宰予、仲由、冉求、言偃、卜商、颛师孙、曾点、曾参、澹台灭明、高柴、宓（mì）不齐、樊须、有若、公西华、原宪、公冶长、南宫括、公皙（xī）哀、颜高、商瞿、漆雕开、公良孺、秦商、颜刻、司马耕、巫马施、梁鳣（zhān）、琴牢、冉孺、颜幸、伯虔、公孙龙、曹邮、陈亢、叔仲会、秦祖、奚容箴、公祖句兹、廉洁、罕父黑、公西舆如、壤驷赤、冉季、石作蜀、左人郢、狄黑、商泽、任不齐、郑邦、乐欬、颜之仆、孔忠、漆雕哆（chǐ）、颜哙（kuài）、颜无繇、公夏首、申党、鄡单、荣旂、县成、燕伋、原亢籍、邦巽、施之常、秦非、句井疆、步叔乘。

孔子七十二岁时，子路死在卫国。当初，卫国的孔圉的妻子伯姬，即蒯聩的妹妹，平素与家中的仆人浑良夫私通。孔圉去世后，他的儿子孔悝（kuī）执掌国政，蒯聩通过浑良夫谋求回国。伯姬劫持了孔悝，将蒯聩立为国君，卫出公辄外逃鲁国。子路准备进入孔家平乱，石乞、孟黡（yǎn）挥戈向他进击，割断了他的帽缨。子路系好帽缨，便死去了。孔悝立蒯聩为君的时候，孔子正住在鲁国。他得知卫国发生变乱的消息后，便叹息着说："高柴就要回来了，而子路恐怕却要死去了。"

孔子七十三岁时，在壬戌四月乙丑，即夏历二月十八日去世。七天以前，孔子早晨起来，背着手，拖着拐杖，在门前安闲自得地漫步，他唱道："泰山崩塌了，梁柱朽坏了，哲人就这样凋谢了！"歌罢，他走进大门，在门前坐下。

子贡听到歌声便说："泰山崩塌，我还有什么可以景仰的？梁柱朽坏，哲人凋谢，还有谁人令我效法？大约先生将要生病了。"他便快步走进门来。

孔子说："子贡啊，在前些天的夜间，我梦见自己坐在厅堂的两根前柱之间受人祭奠，这是殷朝的礼仪啊，而我正好便是殷朝的后人。英明的君王尚未兴起，天下有谁会取法于我？恐怕我快要死去了。"

孔子卧病七天，便死去了。鲁哀公写了一篇诔（lěi）哀悼孔子说："上天太狠心了，竟不肯留下这位老人。使我一个人留在君位上，孤苦伶仃，深感内疚。唉，令我悲哀不已的尼父啊，你也不用再拘束自己了！"

子贡说："鲁君恐怕不能死在鲁国了吧！凡失去礼节就会秩序混乱，失去名分就会产生过失。鲁君不能够在孔子生前加以任用，却在孔子死后作诔文表示哀悼，这是不合乎礼仪的；以诸侯的身份而自称'余一人'，这是不合乎名分的。鲁君在礼仪与名分这两方面全都有失检点。"

五月，孔子被安葬在鲁国都城北面的泗水岸边，弟子虽然不穿丧服，却都以内心的哀悼为孔子服丧三年，然后便离去了。只有子赣在孔子的坟墓旁边搭起茅庐，一直住了六年。在孔子的坟墓旁边安家的鲁国人有一百多人，因此这里便被称作孔里。

在孔子的弟子中，只有颜回最为贤明，他先于孔子死去。传播孔子学说的弟子有曾子。曾子名参，字子舆，父亲曾点，也在孔子门下从学。曾参十六岁时，孔子正在楚国活动，曾点让他前往楚国，接受学业。

曾参天性极为孝顺。有一次，他到野外去打柴，有一位客人来到他的家中，他母亲把手握在胳臂上，曾参立即跑了回来，问母亲说："你的胳臂有什么毛病吗？"曾母说："今天有一位客人前来，我手握胳臂招呼你哩。"

曾参的母亲死去以后，后母对待曾参很是无礼，但曾参供养后母仍毫不懈怠。有一次，曾参在瓜地锄草，一不注意，将瓜铲去了,曾点大怒,拿起木杖,就去打他,曾参仆倒在地。过了一会儿,曾参苏醒以后,恭敬地站起来,走到父亲面前说:"大人尽力教导我,恐怕使劲猛了一些。"

他退下来边鼓瑟,边唱歌,希望父亲听到自己的歌声,知道自己心情平和。孔子得知此事以后,告诉门人说:"如果曾参前来,不能把他收下。过去帝舜侍奉自己的父亲瞽(gǔ)瞍,瞽瞍找理由指使他的时候,他从来没有不在身边过;而找机会杀害他的时候,他从来都不让父亲达到目的。所以,用小木棒打他,他便忍受了;用大木棒打他,他便逃跑了。现在,曾参任凭自身去承受暴打怒骂,却使自己的父亲陷在不义之中,难道这算得上孝顺吗?"曾参说:"看来我的罪过真是太大了!"于是他到孔子那里去承认过错。

每当曾参阅读有关丧礼文献的时候,总是泣下沾襟。他说:"亲人死去了,就再也不能够返回人世。当儿子的想奉养亲人,而他们却不再活着。所以,与其捶杀了牛去祭奠亲人,还不如趁亲人活着的时候为他们杀鸡宰猪哩!我刚刚担任官吏的时候,得到的俸禄不足糊口之用,但我还是非常高兴,这不是因为我认为俸禄已经很多,而是因为我为能够用这些俸禄孝敬亲人而高兴。在亲人谢世以后,我曾经南下游历楚国,得到地位尊崇的官职,但我还是要向着北方哭泣,这不是由于我为以往卑贱的地位而伤感,而是由于我为不能够再去孝敬亲人而悲痛。"

孔子认为曾参能够贯通大道,所以把自己的学说统统传授给了他。曾参用《大学·圣经》一章教导弟子,弟子将他讲述的大意记录下来，编成十传，成为千年以来儒学的基本著作。

曾参的弟子孔伋，字子思，是孔鲤的儿子，孔子的孙子，他还来得及侍奉孔子，而跟随曾参受业。子思十六岁的时候来到宋国，宋国大夫乐朔因与他谈论学问而恼怒，便将他包围起来。宋君闻讯，驾着车救出子思。子思脱身以后说："周文王被囚禁在羑里，才写出《周易》一书，祖父孔子遭受流亡陈蔡的困顿，才写出《春秋》一书，我被围困在宋国，难道能没有述作传世吗？"于是他阐述孔子的思想，写了《中庸》一书。

古人说，孔伋穷困潦倒，担心家学不能大显于世，便写下《大学》一书，从纵向阐述孔子学说；写下《中庸》一书，从横向阐述孔子学说。《大学》和《中庸》都是子思撰写的，这种说法切近情理。

当初，孔鲤死后，他的妻子转嫁给卫国的庶氏，便死在庶氏家中。庶氏向子思报丧，子思在孔氏的家庙中痛哭，门人进来说："庶氏家的母亲死去，您为什么在孔氏的家庙中哭泣呢？"子思说："我错了，我错了！"于是他便到别的屋子中去哭泣。此事见于《礼记》一书的记载。

子思的弟子孟子，名轲，字子舆，是鲁国孟孙氏的后人，邹地人氏。他的父亲名叫孟激，字公宜，娶仇氏为妻，梦见神人牵挽着龙凤，从泰山上下来，准备在峄山停住。孟激凝视了很长时间，忽然看见一朵云彩飘落而下，于是惊醒。当时里巷的人们都看到五色祥云笼罩着孟氏的住宅，孟子便于此时诞生。

孟子三岁时失去了父亲，母亲贤明有德，带着孟子过活。最初，由于住处与墓地邻近，孟子小时候游戏玩耍便模仿有关坟场的事情，蹦蹦跳跳地去筑坟掩埋。孟母说："这里不适合儿子居住。"于是孟母便离开此地。由于住处邻近商市，孟子游戏玩耍的时候便模仿商人拍卖的事情。孟母说："这里也不适合儿子居住。"于是孟母将住处迁移到学校旁边，孟子游戏的时候，便设置几案，摆布祭器，拱手礼让，时进时退。孟母说："这里正适合儿子居住。"于是孟母在此定居下来。

孟子逐渐长大了。有一次，孟子放学回来，母亲正在织布，孟母问他："你的学业到了什么程度了？"孟轲说："只是随其自然。"孟母用刀割断了织物。孟轲问母亲这是什么缘故，孟母说："君子通过学习树立自己的名声，通过多问拓广知识，这都是逐渐积累起来的，就像织物要通过纺织才能织成。如果荒废学业，一事无成，这与割断织物有什么不同？"

孟轲怀着戒惧的心情，早晚勤学不止，又随从子思受业。在弄通所学的学说以后，正值梁惠王谦卑自处，不惜厚礼，招徕贤人，孟轲便来到大梁。不久，他又离开大梁，前往齐国，齐宣王任命他为客卿。

当此时，天下致力于合纵连横，以能攻善战为贤能。但是，孟轲却阐述尧、舜、三代的德治，因此他所到之处总是不合时宜。孟轲引身而退，与万章等门徒阐述《诗》《书》和孔子的学说，写下《孟子》七篇，以告来世。

孟子娶由氏为妻，生下一个儿子，名叫仲子，孟子说："人们都知道用食品来解除饥饿，却不懂得用学习来消除愚昧。学习是崇尚名节、安身立命的根本。"孟子的学说尊崇孔子，抵制杨朱、墨翟。孟子说："杨朱主张为我，这就是不要君主。墨翟主张兼爱，这就是不要父母。不要父母和君主，就与禽兽没有差异了。"所以杨朱与墨翟学说的危害从此也就销声匿迹，这就是孟子的罕有的功绩。

8. 仙佛传说

有人说，佛和老子教人们做的，比杨朱与墨子更甚。他们不知道，在孟子生活的时代，虽然人们还不知道有佛存在，但是，老子生在孔子以前，他的著作已经流传了很长时间，为什么当初孟子没有任何一句驳斥老子的话呢？其实，自混沌初分、蒙昧未开的时代以来，就已经有男仙人东王公，姓木名仉，字君明；也已经有女仙人西王母，姓杨名回，字婉妗。得道的男子，归东王公管辖；得道的女子，归西王母管辖。及至周朝，当时已经有仙人八万多人了。

一般说来，仙家所宝贵的有三项，即精、气、神。仙家入门的要领也有三项，即炼精、养神、运气。运气的方法，如叩齿、按摩、用鼻孔吸东南方的真气，让真气在浑身运转，人们大多也能够修炼，只怕是有时候人为努力过多，有时候又忘记人为努力，所以修炼的时间很长，实际却等于时修时停罢了。至于炼精，人们往往被佛家的信条所迷惑，心生怀疑，不肯相信，认为真正的仙人应该是从勤苦的修炼中得到的，如果连生儿育女，延续后代都不知道，怎么能够算是从勤苦修炼中得来的呢？而且，万物采得人的精华，还能够与神明相通哩，何况人呢？

大凡男女精华交合之事，在易学经典中便有明文记载，采补不过是拾取女子多余的精华来增益自身。加之，妇女身体中经常结有金丹，如果能够在草上露时赶忙吸取它，就会使自身长寿成仙。采补的方法对女子并没有损害。假如采补会造成对女子的损害，那就是左道旁门，上天的诛杀就一定要降临其身了。

说到养神，这是修炼天仙的正路，是至高无上，至真至切的原理，是最高级的方法，不仅道家通过养神飞升成仙，就是佛家也是经由此途而得以超度。佛家的教条头绪很多，即使刻苦实行，勤勉修持，却都属于皮毛，缺少根据。

佛门得道者的修持方法，与道家的修持方法是一样的，佛家所说的"明心见性"，就是道家的养神法。还有，鬼得到汞也会成仙，年轻女子大约以修炼太阴炼形术的居多。

儒、佛、道三教都以《易经》为根据，道教主张先天与后天兼炼，其言论变幻莫测，他们说人死后可以留下形骸成仙，认为炼精、养神、运气便是丹头，这种方法学起来困难，但是容易修炼成功，一旦成功，便成为仙人。

佛教以先天为本，其言论清静寂灭，谈论前生与来世，认为"明心见性"的境界就是觉悟，这种方法学起来容易，但是难以修炼成功，一旦成功，便成为菩萨。

儒教以后天为本，其言论中庸平和，讲究人伦常道和修身、齐家、治国、平天下，达到儒家境界的极致，就成为圣人和贤人。以儒教治理世事，出现非常忠孝、极有节操以及对百姓有功有德的人物，就成为神明。儒教在前面的叙述中已经阐明，佛教在以后的叙述中便可见到，现在先把道教讲述明白。

孔子说："我私自与我的那位老彭[1]相比。"彭祖，姓篯（jiān）名铿（kēng），是颛顼帝的玄孙，陆终氏排行第三的儿子。陆终氏娶鬼方氏之妹为妻，鬼方氏之妹怀下身孕，却并不产育，经过三年时间，剖开她的左右胁，取出子女六人，排行第三的名叫老彭。老彭被封在大彭故地，大彭就是如今的彭城。

到殷朝末年的时候，彭祖已有七百多岁，但容貌却很年轻。他喜欢恬淡清静，只把将养心神、调治性命作为自己的活动，擅长采补导引之术，与女子交合，多多益善。周穆王得知消息以后，将他任命为大夫，彭祖托称有病在身，不肯参与朝中政务。

周穆王派遣宫中的采女乘着带有帷帘的车子，前去请教交合之道。彭祖通过与采女交合，将各种秘法全部传授给了采女，

---

[1]老彭：旧有二说，一谓老彭是殷商的一位贤大夫彭祖，一说谓老彭为二人，一为老子，一为彭祖，本文则属前说。关于彭祖，据《神仙传》载，其人为颛顼帝的玄孙，是帝尧的臣属，精于导引行气，因而长生不老。由于帝尧将他封在彭地，于是以彭为姓氏。据说彭祖历经虞、夏，至商朝末年，年龄已有七百多岁，但仍不衰老，所以又称老彭。殷纣王时，彭祖为大夫，纣商准备杀死彭祖，彭祖逃走，不知去向。

采女回去以后，再教给周穆王，周穆王尝试着修行其术，颇有效验。彭祖听说以后，便离开周朝，不知去向。

彭祖因善于与女子交合而达到寿长年高，曾经有四十九个妻子先后故去，彭祖与她们生下五十四个子女，婢妾尚不在计算之内。彭祖著有《房中秘术》一书，共有一百八十六卷。

9. 老子得道

在彭祖还没有成仙离去的时候，上天又相继生下老子[1]。孔子曾经向老聃请教有关礼仪的学问，还说："我看老子这个人，恐怕就是人中之龙了吧！"

相传老子，就是太上老君。他在商王阳甲在位时期分出神魂，聚成元气，开始在元妙王的女儿李氏腹中投胎。李氏吃下李子便怀了身孕，经过八十一年时间，于商朝武丁二十四年庚辰二月十五日卯时，在楚国的苦县厉乡曲仁里降生。

老子在李子树下面从母亲的左腋窝里生了下来，他指着李子树说："这棵李树便是我的姓氏。"老子生下来的时候，头发纯白，面色黄中透白，额头上有纹理通达头顶，左右两额凸起，耳

---

[1]老子：姓李，名耳，字聃，一字或谥伯阳，春秋楚国苦县厉乡曲仁里人。据说曾任东周守藏室之史，后因周室内乱，弃官而去。过函谷关时应关令尹喜之请，著《道德经》五千字，遂不知所终。道教奉老子为教主，尊为三清尊神之一的道德天尊。

长目短,有两道纯骨的鼻梁,耳朵有三个孔窍,胡须美观,额头宽阔,牙齿稀疏,口唇方正。

老子姓李名耳,字伯阳,号老聃。周文王在当西伯的时候,将他征召为管理藏书室的史官。周武王在位时期,让他担任侍立于殿柱之下的谏官。周成王在位时期,老子游历极为遥远西方国家大秦、竺乾等地,号称古先生。他感化教导这些国家,后来在这些国家中形成了佛教。

周康王在位的时候,老子返回周朝,再次担任谏官。周昭王在位的时候,老子打算再去开导感化西域,于是驾着青牛车,西行经过函谷关。函谷关的长官尹喜得知老子到来,便请求老子把道术传授给自己。老子与尹喜一起横越沙漠西去,到周穆王在位的时候又返回。

周敬王在位十七年的时候,孔子向老子请教有关礼仪的学问。周烈王在位时期,老子经过秦国,秦献公向老子请教帝王兴衰的运数。秦朝时期,老子降临在峡河边,将道术传授给安期生。

汉文帝时期,老子降临。汉文帝派遣使者前去向他请教道术,老子说:"《道经》《德经》这两部著作非常尊贵,不是隔着很远的地方就可以请教的。"于是,汉文帝便让人驾车前往老子那里。

汉文帝说:"整个天下都是君主的领土,四海之内都是君主的臣民。在道、天、地、王这'四大'之中,我作为君主,身居其一。虽然你有道术,但仍然是我的百姓。你不肯服从于我,难道不是太自高自大了吗？我是能够使人富贵或贫贱的。"于是，老子一拍双掌，坐在那里就势跃起，冉冉飘入空中，就像云烟上升一般，离地面有一百多丈高。许久，老子俯首回答说："现在我向上没有达到天界，向下没有沾着地面，身居中间，也与众人不同，我算得上陛下的百姓吗？陛下怎么能够使我富贵或贫贱呢？"汉文帝走下车来，伏地叩头，施礼道歉，老子将《道经》和《德经》两部书给了汉文帝。

汉桓帝在位的时候，老子降临天台山，向葛孝先传授了《上清大洞真经》等经典。唐高祖在位的时候，老子降临羊角山，谈论人们的行为应当保吉行善，唐公李渊接受了老子颁给的上天受命的凭据。

唐玄宗天宝初年，老子降临丹凤门，唐玄宗亲自在兴庆宫祭祀老子。宋政和二年，老子降临华阳洞天，向梁先生传授了《太上太清天童护命妙经》。

大概老子无论在哪个时代，没有不出现的时候。他在无数世代以前便施行教化，在无穷的岁月以后仍然永恒存在，时隐时现，不可测度，变化无穷，使天下苍生普遍得到解脱，其事迹难以一一叙述。

10. 天师创教

在汉顺帝在位的时候，老子将道术传授给了张道陵[1]。张道陵，字辅汉，是西汉初年张子房的八世孙。他身高九尺二寸，眉如龙须，额头宽阔，顶门朱红，两眼碧绿，高鼻梁，方面颊，目有三角，有伏犀贯顶之相，脑后玉枕穴处凸起，双手下垂过膝，胡须美观，姿态威武，下盘坚实，上身敏捷，望上去庄严持重。

汉光武帝建武十年，张道陵在天目山降生。当初，他的母亲梦见有一个高大的人从北斗魁星降落到地面上，身高一丈有余，穿着彩绣的衣服，把蘅薇香给了她。醒来以后，衣服上和屋子里都充满奇异的香气，经过一个月还不曾消散，而她母亲内有所感，于是怀了身孕。及至张道陵诞生的那一天，黄云笼罩着住房，紫气充满了院落，室内有一种光气，有如日月交辉，这时再次闻到了往日的香气，历时整整十天，才又消散。

张道陵七岁时便通晓老子的《道德经》和天文地理、河图洛书以及有关谶纬的书籍，被当地推荐为贤良方正。虽然张道陵身入仕途，但志趣集中在修炼方面。没过多久，他便前往北

---

[1]张道陵：原名张陵，东汉沛国丰人，天师道的创始人。早年曾经担任江州令。汉顺帝在位的时候，张道陵在蜀中鹤鸣山学道，以符水咒法治病，著成道书二十四卷。当时，从张道陵学道的人们需要交米五斗，所以被称作五斗米道。元至正十三年，其后裔被封为天师。

邙（máng）山隐居，那时有一只白虎衔来符箓秘文，放在座位旁边。汉和帝打算征召张道陵担任太傅，将他封为冀县侯，三次招他前往，他都没有应召。

张道陵来到蜀地，喜欢蜀地溪山幽深秀美，便在鹤鸣山隐居下来。鹤鸣山中有一尊石鹤，每当石鹤鸣叫的时候，便有修炼得道的人出现。张道陵住在这里，刻苦学道，收气养神，于是石鹤便鸣叫起来。

有一个名叫王长的弟子，与张道陵一起炼龙虎大丹，经过一年时间，便有红光照耀全室，经过两年时间，便有青龙白虎在炼丹的鼎炉周围盘绕守护，经过三年时间，龙虎大丹便炼成了。当时张道陵真人已经六十多岁，服用龙虎大丹以后，外貌就像三十左右的人一样，走起路来像奔跑的马一般迅速。

张道陵与王长进入北嵩山，遇见一位身着锦绣衣裳的使者告诉他说："在嵩山中峰的石室中，保藏着《上三皇内文》《黄帝九鼎太清丹经》，得到这些丹书，依法修炼，就能升天了。"于是，张道陵斋戒了七天，进入石室。在他脚步所到之处，发出沙沙的声响。他当即掘开石室的地面去取丹书，果然就得到了它们。

张道陵深入思考，如法修炼，能够乘风飞行，可以听到极远处的声响，掌握了分身离形的奥妙。张道陵往往在池中划船，在堂上诵经，倚着几案接待客人，拄着藜茎拐杖漫步歌吟，各项活动同时并举，人们对他灵妙奇异的行为都莫测高深。

西城房陵一带有个白虎神，喜欢喝人血，当地乡里村民每年都要杀人祭祀白虎神。张道陵将白虎神召来，向它告诫一番，白虎神便销声匿迹了。还有，梓州有条大蛇，一叫起来山石为之震动。大蛇吐出毒雾，行人沾上毒雾就会死去。张道陵用法术禁阻大蛇，大蛇就不再为害了。

汉顺帝汉安元年正月十五日夜，张道陵在鹤鸣山，听到仙人车上的铃铛和饰物缓缓作响，天界的音乐隐隐传来，清香的花朵覆盖大地，紫色的云霞弥漫天空。

张道陵睁大眼睛向东看去，看到紫色的云霞中有一驾白车，驾着五条白龙，车旁的旗帜仪仗和卫士气派很大。车中有一位神人，姿态容貌光洁如冰，如玉的手上握着五明宝扇，颈项上背负着八景圆光，身高一丈六尺，神光照人，使人难以正眼相看。

这位神人对张道陵说："你不必担惊受怕，我就是太上老君啊。"张道陵行礼拜谢，老子授给张道陵《三洞经箓》、雌雄双剑和都功印一枚以及帽子、上衣、道裙、红色的鞋子各一套，而且说："限你在一千天内练成，以后在阆（làng）苑见面。"于是，张道陵伏地叩头，将给他的东西接了过来。

张道陵每天玩味《三洞经箓》等秘文，依法修炼了一千天，可以内视五脏，外聚三万六千神明。张道陵又感动了玉女，玉女教给他吐纳清和之气，调伏阴精邪魔，隐没显现，完全出于自然。于是，张道陵返回阳平山，将仙人飞升的方法，交付给接续他的法师，自己仍然返回鹤鸣山去了。

上帝派遣使者携带着玉册，授给张道陵正一真人的称号，告诉他会即将飞升成仙。张道陵便将盟威、都功等各类秘传的符篆、斩除邪魔的两把宝剑和封授给他的玉册、玉印，都传授给长子张衡，还告诫他说："这些秘文统领着三步五罡（gāng）等修炼方法和正一教派的要领，可以驱除邪魔，诛杀妖孽，辅助国家，安定百姓。以后就让世世代代的子孙后代来继承我的职位，如果不是我家的子孙后代，就不能传授。"张道陵又对王长和赵升说："还有剩余的丹药，你们二人可以分成两份，各自吞服下去。你们今天就会跟着我上升仙境了！"

正午时分，群仙的仪仗与随从全都到来了，有两位神女引导着张道陵和夫人雍氏登上了饰有黑龙的紫车，由天界的音乐簇拥并引导着，在云台峰白日飞升天界。当时，张道陵的年龄是一百二十三岁。张道陵的子孙后代世世承袭真人之位，在江西广信府贵溪县的龙虎山居住。

11. 钟离权与吕洞宾

张道陵以后，到了唐朝的时候，又出现了吕岩[1]。吕岩名叫吕洞宾，是唐朝蒲州永乐人氏。吕洞宾的祖父吕渭，是唐朝的礼部侍郎。父亲吕让，是唐朝的海州刺史。

吕洞宾在贞元十四年四月十四日巳时诞生，因而号称纯阳

---

[1]吕岩：字洞宾，号纯阳子，自称回道人，唐末道士。河中府永乐县人。传吕洞宾在长安得遇钟离权，经"十试"而得受大道，全真道奉为北五祖之一。

子。当初，母亲临生他的时候，奇异的香气充满内室，天界的音乐在天空中飘荡，一只白鹤从天上飞下来，飞进帐幔之中便不见了。

吕洞宾生来形体属金，姿质属木，道骨仙风，鹤顶龟背，虎体龙腮，丹凤眼向天而视，长长的双眉一直没入鬓发之中，颈项修长，颧骨突起，额头宽阔，周身浑圆，鼻梁挺直，面色黄中透白，左眉际有一黑痣，脚下生有龟纹。吕洞宾小时候很聪明，每天能够记诵一万言，出口成章。身高八尺二寸。吕洞宾游历庐山，遇到龙火真人，龙火真人将天遁剑法传授给他。

唐朝会昌年间，吕洞宾曾经先后两次应试考取进士，未能中第，当时他已经六十四岁了。吕洞宾在长安的酒店中闲游，看到一位道士，头系青巾，身穿白袍，两人一同吟诗，谈论得非常融洽。

道士说："我是云房先生[1]，住在终南山鹤岭，你愿意与我交往吗？"

吕洞宾没有回答。于是，钟离权与吕洞宾一起在客店中休息，钟离权亲自为吕洞宾做饭。吕洞宾忽然倚着枕头昏昏睡去，梦见自己作为被推举应试的士人赴京赶考，结果考中了状元，开

---

[1]云房先生：即钟离权，亦称汉钟离，据云姓为复姓钟离，名权，字云房，京兆咸阳人，由王玄甫传授大道，全真道奉为正阳祖师。

始做了郎官，以后被提拔为台谏、翰林院和尚书省的官员，凡是地位清贵、掌管机要的职务，他没有不曾担任过的。

他相继两次娶了富贵人家的女子为妻，所生的子女婚嫁早已完毕，子孙忠信仁厚，全家都是做官之人。

这样过了四十年，他又有十年独力担当宰相，权力倾动一时，势焰炙手可热。但是他偶然犯了重罪，家中的资产全被官府没收，妻子儿女流离失散，都被流放到岭南地区。他孑然一身，穷困愁苦，满面憔悴，在大风冰雹中勒马而立，正要慨然长叹，却恍恍惚惚地从梦中醒了过来，而当时饭还没有做熟。

钟离权笑着吟诵道："黄米饭还没有熟，一梦梦到华胥国。"

吕洞宾吃惊地说："先生知道我做的梦吗？"

钟离权说："你刚才的梦境，进升与沦落、兴盛与衰败千变万化，五十年间，只是一眨眼的工夫而已！"

吕洞宾深有感触，顿时醒悟，便向钟离权行礼，请他把超脱人世的方法传授给自己。

钟离权共对吕洞宾考验了十次，吕洞宾毫不动摇，钟离权这才将炼丹化成金银的法术传授给他。吕洞宾说："炼丹化成的金银还会发生变化吗？"钟离权说："三千年以后，还要恢复成本来的质料。"吕洞宾说："这会妨害三千年以后的人们，我不学了。"钟离权笑着说："你能够这样真诚，三千年的功绩与德行便都包含在这里头了。"他将真仙的修道秘诀全部传授给了吕洞宾。

吕洞宾得到钟离权的道术以后，兼有龙火真人的天遁剑法，便开始游历江淮地区。他试验灵剑的威力，除掉了蛟虫的危害，时隐时现，变化万千，历时四百多年。他经常在湘潭岳鄂以及两浙一带游历，随时接济和超度众人。其余各位仙人还有很多，不能够在此一一讲述。

还有，在中国的四川、陕西、云南西面的西藏，在西藏以外的西域。西域、大秦、天竺等国家凶恶残暴，创设了锉、烧、舂、磨等酷刑。老子怜悯当地人类将要灭绝，于是来到当地，用手一指，那些锉、烧、舂、磨等刑具，有的断了，有的折了，全都无法施刑了。于是，老子用仁慈之心教导国王，终于在西域开创了教化之途，老子则号称古先生。后来，大茅草王年迈无子，将王位传给大臣，自己出家学道，得以修成正果。他的弟子用笼子盛着他的尸身，并将笼子悬挂在树上。猎人用箭射他，鲜血滴落在土地上，于是生出两株甘蔗。经过烈日的炙烤，甘蔗中生出一男一女，这就是善生和他的王妃，后来善生成了甘蔗王。甘蔗王将四个儿子贬斥到雪山以北，在国内用德行感化人民，终于使本国成为一个大国。

12. 佛教兴盛

周昭王二十四年四月八日，山川震动，五色光横贯太微星垣。太史苏田上奏说："有一位大圣人在西方诞生，一千年以后，这位大圣人的声势与教化将会传布到我们这里。"当时，天竺迦毗罗卫国，净饭王的妃子摩耶氏，梦见天界降下金人，于是有了身孕。这一天,摩耶氏从右胁生下太子,姓乔达摩,名悉达多[1]。

太子初生的时候,放出大智慧光明,照遍十方世界,地面上涌出金色的莲花。他捧住双脚,向东南西北四方分别走了七步,分开如玉的手指,上指苍天,下指大地,发出震撼世界的吼声。他说:"天上地下,东西南北,唯我独尊。"

到了太子二十九岁的时候,想要出家。这一天夜间子时,有一位名叫净居的有道之士,在窗户前面叉着手说:"太子出家的时刻已经到来,可以离去了!"太子听得此言,心生欢喜,当即翻越城墙,离家出走,来到檀特山中修行。

他又到象头山,每天以大麻小麦为食,参究悟解自身的性情,经过十六年时间,修道获得成功。可以赴汤蹈火,贯穿金石,凌空飞升,不会坠落,碰到坚实的物体,毫无障碍,能够千变万化,而且变化无穷。不久,太子在鹿野苑中论道说法,又在灵山会上拈动金波罗花向徒众示意,以灯火相传比喻佛法传承。

在周穆王二十二年二月十五日,天地震动,西方现出十二道白虹,一连好几夜都不曾消失。太史扈(hù)多说:"西方有一

---

[1]悉达多:即佛教始祖释迦牟尼,亦称释迦文佛、世尊。族姓释迦,姓乔达摩,名悉达多。为古印度迦毗罗卫国净饭王的长子。曾入雪山苦修六年,出山后释迦耶山菩提树下得道,年八十示寂于拘尸那伽城跋陀河边娑罗双树间。

位大圣人去世了,所以有衰微现象显现出来。"于是悉达多在拘尸那伽城去世。悉达多去世以后,又从棺材中起身为母亲解说佛法。悉达多返回以后,金光径直透出棺材,忽然天空中化出一团三昧神火,将棺材自然烧毁。这就是世人尊奉的释迦牟尼,又号如来。

如来化成一丈六尺高的人身,有直径七尺的圆光;头顶上肉团隆起如发髻,光明照彻四方,其根部既长且宽,绕在耳际;眉毛中间生有白色的毫毛,毫毛中空,一律向右侧弯曲,就像琉璃筒一样。

释迦牟尼将佛法传授给一祖摩诃迦叶,摩诃迦叶将佛法传授给二祖阿难,一直传到菩提达摩[1]。一共经历了二十八代传承,菩提达摩便是西天二十八祖。

菩提达摩在梁武帝普通元年(520年)从西方漂洋过海,来到金陵。他与梁武帝进行了一次谈话,知道事情的机缘还不成熟,便离去了。菩提达摩折下一叶芦苇权当船只,渡过长江,在嵩山少林寺住下,整天面对山壁打坐。九年以后,菩提达摩的身形进入石壁之中,如果拂拭石壁,里边的身形就愈发明显可见。

---

[1]菩提达摩:略称达磨或达摩,意为"道法"。南天竺僧人,香至王第三子。南朝宋末航海至广州,前往北魏,在洛阳、高山等地游历并传授禅学。据云曾在少林寺面壁九年,世称"壁观"。为西土禅宗第二十八祖和东土禅宗初祖。

菩提达摩把佛教的教义、经典和袈裟传授给慧可，还说："如来把以心传心的佛教正法交付给摩诃迦叶，以后辗转传承，传到我的手中，现在我再交付给你。我去世后二百年，衣钵不再传承。"

自从初祖菩提达摩开始来到中国，将钵盂、锡杖、袈裟传给二祖慧可，慧可传给三祖僧璨，僧璨传给四祖道信，道信传给五祖弘忍，宏忍传给六祖慧能[1]，这就是中原六祖。

慧能俗姓卢。当初，五祖弘忍准备挑选衣钵传人，便让寺中僧人各自写一偈语。在寺中职位最高的神秀作偈语说："身为菩提树，心如明镜台。时时勤拂拭，莫使惹尘埃。"

当时，慧能尚在寺中做舂米捣谷一类杂活。他夜间在神秀的偈语旁边另写了一条偈语说："菩提本非树，明镜亦非台，本来无一物，何处惹尘埃？"五祖弘忍前来观看，慧能的偈语正好与自己的主张投合，便确定他为佛法传人，将衣钵传授给他。

池州刺史询问说："在此一际会之中，全寺有五百名僧人，不将衣钵传给别人，为什么你却传给了卢行者这位尚未剃度出家的人物呢？"五祖弘忍说："虽然寺中五百人，有四百九十九人懂得佛法，只有卢行者不懂得佛法，但是他能够悟解大道，可谓

---

[1]慧能：俗姓卢，原籍范阳，生于南海新兴，638年至713年在世。主张"直指人心，见性成佛"的顿悟法门，为禅宗南宗的创始人，佛教史上称为禅宗六祖。

眼量超群之人，所以他才得以传承衣钵。"

六祖慧能在韶州曹溪解说佛法，却将衣钵搁置起来，不再传授下去。当此时，谈论佛法的人们，纷纷推崇弘扬佛法的教主观世音[1]了。观世音是鹫岭孤竹国祇树园施动长者第三子施善的化身，托生在北阙国，现在北阙国已经合并在日本国中。父亲妙庄王姓婆名伽，母亲是伯牙氏。

当初，妙庄王因没有子嗣，便在本国西岳香寺中祷告。天帝因他的父亲经常杀人，所以夺去他的子嗣，让他去生女儿。妙庄王生下的长女名叫妙颜，次女名叫妙音，三女名叫妙善。妙善诞生的时候，奇异的香气充满全屋，云霞的光辉照遍四座。

妙善小时候聪明敏捷，便想了结人间之事。到了九岁的时候，妙善极力抗拒父命，发誓不肯出嫁。后来，由于长女和次女都招了女婿，父亲便强迫妙善挑选配偶。妙善不肯服从，父亲便将她囚禁在后花园中。

妙善守持清净，愈见诚心，两次将自己舍入汝州龙树县白雀寺去当尼姑。妙庄王暗中命令僧头夷优寺劝导妙善，妙善想尽种种理由拒绝父命。由于对妙善没有办法，便以艰苦的修行来折磨

---

[1]观世音：梵文音译阿婆卢吉低舍婆罗，亦光世音，新译观自在等，唐以后亦略称观音。为佛教西方三圣和中国四大菩萨之一。相传其显灵说的道场在浙江普陀山。在中国，观世音作为女相约始于南北朝，盛于唐代以后。

她。妙善早晨打水，傍晚听经，一早起来便焚香扫地，整天都在砍柴做饭，但是她没有一点为难的神色。

妙善的诚心感动了上天，上天派出三千八百条天龙守持保护她。寺院护法神替她扫地，东海龙王替她清除灰尘，六丁、神女替她点香上供，游神为她点燃灯烛，伽雀为她进献茶点，飞猿为她进献菜肴，白虎为她衔取柴火，飞禽走兽全都沾润教化，八洞神仙也来进献果品，每天夜间都是风雷大作，鬼神走动。众僧人心怀恐惧，便向妙庄王回报使命的完成情况。

妙庄王派遣五城兵马首领忽必力指挥士兵，包围寺院，放火烧寺。然而，妙善整天向着灵山世尊叩头祈祷，咬破如玉的手指，喷出的鲜血化成红雨，将火浇灭救寺，寺中五百名僧人都安然无恙。忽必力第二次放火，火被第二次熄灭；第三次放火，火又被第三次熄灭。忽必力毫无办法，便去奏报妙庄王。

妙庄王大怒，命令忽必力将妙善捆绑起来，押送刑场，而暗中让人以母亲伯牙氏的旨意前来救她。这大概是由于妙庄王深深喜爱三女儿仁慈和顺，打算让她回宫成婚，以便摄理国家政务。没想到妙善面不改色，心志更为坚定。妙庄王便将她囚禁在冷宫，宫女乃至妙善的父母夜以继日地前来苦苦劝她。妙善不仅不肯听从劝告，反而说出刺激父亲的话来。

父亲非常恼怒，当即命令忽必力将妙善斩杀以后回报。土神连忙上奏玉帝，玉帝让人以红光罩住妙善的身体，刀砍刀断，枪刺枪折。妙庄王便让人用红罗绞死妙善，这时有一只老虎跳入刑场，背着妙善离去。妙庄王说："不孝的儿女，准会得到恶报。"实不知天界让猛虎把妙善背到黑松林中,正是完成妙善的正果的一种做法。

妙善一时昏迷,本身的灵魂悄悄远去,也不知道要前往何处。忽然有一个童子手中打着旗帜,问候妙善说:"阎王爷命令前来迎接公主,听说公主非常慈善,十殿阎王都在步天桥恭敬地迎候公主。"

妙善从命而行,只见鬼门关上,牛首跪在门前,夜叉拿着灯烛,铁头打扫道路,十殿阎王站在步天桥上,桥上铺着锦绣,地上布满紫云,一辆玉饰的车子前来迎接,善歌的女子在两旁侍立。妙善辞谢说:"我有什么德行,怎敢有辱诸位如此恩宠相招。"十殿阎王说:"听说您大慈大悲,希望能够听您讲经说道。"妙善说:"阿弥陀佛,善哉!善哉!"没想到妙善才一吟诵,天界的花朵纷纷飘落,地上涌出金色的莲花,铁铸的牢狱,铜打的枷锁,全部化为粉末,凡是各个犯有罪孽的人都脱离了地狱,八千多处的地狱全都空无一人。

各位判官上奏说:"从来都是赏善罚恶,没有地狱,就无处收容凶恶之人。现在这位大慈大悲的人来讲说佛法,却使地狱崩塌了。如果她像这样长期留下来,铁打的地狱也并不坚固。天帝得知消息以后,肯定要降下责罚来了!"他们连忙请求妙善返回阳间。于是,十殿阎王把妙善送到孟婆亭,道别而去,命令地狱的士卒把妙善领到黑松林中还魂。

妙善醒来说:"我已经上升到天界去了,怎么又到这儿来了呢?"她在芳香的草地上沉吟着,不知到哪里去才好。不久,释迦如来驾着云朵向南打躬作揖,就势逗她说:"茅草房中可以并排坐下两个人,让我与你并肩坐上片刻,以便消遣时光吧。"妙善说:"你怎么能够用这种畜类的言语来轻慢地对待我呢?"

释迦如来说:"我希望把你带到香山去,你看可以吗?"妙善不肯回答。释迦如来说:"我是逗你哩,你的心地真坚定啊!我不是别人,正是佛祖释迦如来啊。我是特意前来为你指示一个去处的。"

妙善伏地叩头,口中道谢,问道:"让我到哪里去?"释迦如来说:"越国南海中间的普陀岩,便是你的去处。我为你叫一条地龙,让它化成一座莲台,送你渡过海洋去吧。"于是,白虎为她衔来木材,龙王为她捧来泥土,比丘、比丘尼、优婆塞、优婆夷四部天王为她竖起柱石。

妙善在普陀岩静坐了九年,终于大功告成。她割手去目,来挽救父亲的疾病,用壶中的甘露去挽救万民,上天将她封为大慈大悲、救苦救难、灵感观世音菩萨。观世音菩萨左边站着善财,右边站着龙女,一家骨肉,都升到天界:父亲妙庄王成了善胜仙官;母亲伯牙氏成了劝善菩萨;大姐妙清成了大善文殊菩萨,以青狮为坐骑;二姐妙香成了大善普贤菩萨,以白象为坐骑。

此外,在陕西肃州以外一千五百里处,有一处地方叫作哈密。哈密以外,有一处地方叫作吐鲁番。吐鲁番城西一百里处有一座灵山,相传辟支佛曾经带领十万人马在这里修行。其中十八尊者是他部下的领兵大将,五百尊者是他部下的领兵将官。这些人都成了罗汉,他们的肉身便在这里去世。

靠近灵山有青黑色的、状如乱发的山石，这就是罗汉发，是十万罗汉削发出家的地方。又有成堆的山石，看似玉石，纹理清晰，颜色光洁润泽，形状就像人的骨骼，这便是罗汉骨，是十万罗汉去世的地方。这里的群山都是五种颜色，沙石闪闪发光，灼热烫人，峭谷悬崖，巧妙天成，奇异绝伦。其余诸位佛、菩萨、罗汉和禅师，无法一一记载。

如今在西藏西域地区，每代都有一位活佛，是由佛祖转世。活佛往往活到八九十岁时去世，随着一位活佛去世，又一位活佛便又诞生。活佛一生下来，便有道术，能够知道前世、过去和未来的事情。活佛也接近女色，接受有缘人的供给奉养。时至今日，活佛传承了数千年，这数千年就如过了一天一般。活佛的传承，与孔子后人在曲阜世袭、张道陵的后人在贵溪世袭，没有什么区别。这儒、道、佛三家，就是人们所说的三教。

13. 佛学东渐

佛教传入中国，是从汉明帝在位时期开始的。汉明帝梦见一个金人，身高一丈有余，身外笼罩着阳光，从天空中飞到面前。于是，汉明帝派遣蔡愔（yīn）、张骞（qiān）、秦景、王遵等十二人前往天竺，抄写并取回《心经》《大悲咒》等佛经四十二章。及至天竺僧人摄摩腾、竺法兰前往洛阳以来，汉明帝命令将佛经收藏在宫廷藏书处兰台石室中，在洛阳雍门外建造成白马寺，以便给摄摩腾提供住所。从此，佛家的教化流布中国。后来，晋朝僧人西行游历佛国，唐朝僧人玄奘西去取经，得到了

《心经》的写本，这就是人们所说的"佛母心经"。其余的佛教经典和有关忏悔罪孽的书籍，多数出自后人的附会。

晋朝的谢灵运、宋朝的苏东坡，都非常喜欢附会佛教经典，往往假托佛的意旨自造经文，就如同当今写文章一样。佛家千言万语，总之超不出心的收回放纵这几个字。大约将放纵的心收回，自然就能够明心见性，成就自身大彻大悟、洞明真谛的境界。这就是人们所说的即此本心便是佛，洞见本性便成佛。

所谓佛，即是觉悟的意思；菩萨，即是使众生觉悟的意思；南无（ná mó），即是归依的意思；阿弥，即是无量寿的意思。大约人的性灵历经万年，永远存在，经常想着自身的性灵，便能够觉察到本身的性灵，得到无量之寿，虽然肉体坏掉，但是性灵却不会坏掉。所以，学习佛法的人，一定要以修习清静，涵养心神，参验解悟性灵为主。

性灵就是道家所说的元神，也就是魂。如果一个人能够修习清静，涵养心神，参验解悟自己的本来面目，就能觉察到自身的神魂。在能够觉察到自身的神魂以后，逐渐让自己的魂离开自身，其形体由黍米粒一般大小，渐渐养到与自己的身体大小相等，就会身外有身，能够神游万里以外的地方，出定入定自如，修道大功告成。如果每天早晚勤苦地修持参拜由泥土和木头制成的神像，诵读佛经，礼拜忏悔，这只是皮毛之事罢了，又有什么益处？所以，学习佛法的人，只应当在自身中寻求佛性，不应当在佛祖那里寻求佛性。

一般说来，佛教与儒教、道教本源相同，分支各异。儒教以孔子为教主，后来有孟子继起。道教以老子为教主，后来有张道陵继起。佛教以释伽如来为教主，而后来也有观世音继起。三教都在周王室向东迁都以后产生，可见，没有哪个时代像东周这样极为混乱，也没有哪个时代像东周这样极为繁盛。

（以上系原书第八至第十回）

春秋纪年表

（前770—前476）

一、周（前770—前476）

（1）平王姬宜臼（前770—前720）	（8）匡王姬班（前612—前607）
（2）桓王姬林（前719—前697）	（9）定王姬瑜（前606—前586）
（3）庄王姬佗（前696—前682）	（10）简王姬夷（前585—前572）
（4）釐王姬胡齐（前681—前677）	（11）灵王姬泄心（前571—前545）
（5）惠王姬阆（前676—前652）	（12）景王姬贵（前544—前521）
（6）襄王姬郑（前651—前619）	（13）悼王姬猛（前520）
（7）顷王姬壬臣（前618—前613）	（14）敬王姬匄（前519—前476）

二、鲁（前770—前476）

（1）孝公称（前770—前769）	（8）文公兴（前626—前609）
（2）惠公弗湟（前768—前723）	（9）宣公俀（前608—前591）
（3）隐公息姑（前722—前712）	（10）成公黑肱（前590—前573）
（4）桓公允（前711—前694）	（11）襄公午（前572—前542）
（5）庄公同（前693—前662）	（12）昭公裯（前541—前510）
（6）潜公启方（前661—前660）	（13）定公宋（前509—前495）
（7）釐（僖）公申（前659—前627）	（14）哀公蒋（前494—前476）

三、齐（前770—前476）

（1）庄公购（前770—前731）	（9）顷公无野（前598—前582）
（2）釐公甫父（前730—前698）	（10）灵公环（前581—前554）
（3）襄公诸儿（前697—前686）	（11）后庄公光（前553—前548）
（4）桓公小白（前685—前643）	（12）景公杵臼（前547—前490）
（5）孝公昭（前642—前633）	（13）晏孺子荼（前489）
（6）昭公潘（前632—前613）	（14）悼公阳生（前488—前485）
（7）懿公商人（前612—前609）	（15）简公壬（前484—前481）
（8）惠公元（前608—前599）	（16）平公骜（前480—前476）

四、晋（前770—前476）

（1）文侯仇（前770—前746）	（12）襄公骦（前627—前621）
（2）昭侯伯（前745—前740）	（13）灵公夷皋（前620—前607）
（3）孝侯平（前739—前724）	（14）成公黑臀（前606—前600）
（4）鄂侯郄（前723—前718）	（15）景公獳（前599—前581）
（5）哀侯光（前717—前710）	（16）厉公寿曼（前580—前573）
（6）小子侯（前709—前707）	（17）悼公周（前572—前558）
（7）晋侯湣（前706—前679）	（18）平公彪（前557—前532）
（8）武公称（前678—前677）	（19）昭公夷（前531—前526）
（9）献公诡诸（前676—前651）	（20）顷公弃疾（前525—前512）
（10）惠公夷吾（前650—前637）	（21）定公午（前511—前476）
（11）文公重耳（前636—前628）	

五、秦（前770—前476）

（1）襄公开（前770—前766）	（10）康公罃（前620—前609）
（2）文公（前765—前716）	（11）共公稻（前608—前604）
（3）宁公立（前715—前704）	（12）桓公荣（前603—前577）
（4）出公子（前703—前698）	（13）景公石（前576—前537）
（5）武公说（前697—前678）	（14）哀公籍（前536—前501）
（6）德公嘉（前677—前676）	（15）惠公宁（前500—前491）
（7）宣公恬（前675—前664）	（16）悼公盘（前490—前477）
（8）成公载（前663—前660）	（17）厉共公刺（前476）
（9）穆公任好（前659—前621）	

六、楚（前770—前476）

（1）若敖仪（前770—前764）	（9）庄王旅（前613—前591）
（2）霄敖熊坎（前763—前758）	（10）共王审（前590—前560）
（3）蚡冒熊眴（前757—前741）	（11）康王昭（前559—前545）
（4）武王熊通（前740—前690）	（12）郏敖员（前544—前541）
（5）文王熊赀（前689—前677）	（13）灵王虔（前540—前529）
（6）堵敖熊囏（前676—前672）	（14）平王弃疾（前528—前516）
（7）成王熊恽（前671—前626）	（15）昭王轸（前515—前489）
（8）穆王商臣（前625—前614）	（16）惠王章（前488—前476）

七、宋（前770—前476）

（1）戴公（前770—前766）	（9）襄公甫父（前650—前637）
（2）武公司空（前765—前748）	（10）成公王臣（前636—前620）
（3）宣公力（前747—前729）	（11）昭公杵臼（前619—前611）
（4）穆公和（前728—前720）	（12）文公鲍（前610—前589）
（5）殇公与夷（前719—前711）	（13）共公固（前588—前576）
（6）庄公冯（前710—前692）	（14）平公成（前575—前532）
（7）湣公捷（前691—前682）	（15）元公佐（前531—前517）
（8）桓公御悦（前681—前651）	（16）景公栾（前516—前476）

八、郑（前770—前476）

（1）武公滑突（前770—前744）	（10）灵公夷（前605）
（2）庄公寤生（前743—前701）	（11）襄公坚（前604—前587）
（3）厉公突（前700—前697）	（12）悼公费（前586—前585）
（4）昭公忽（前696—前695）	（13）成公睔（前584—前571）
（5）子亹（前694）	（14）釐公髡顽（前570—前566）
（6）子婴（前693—前680）	（15）简公嘉（前565—前530）
（7）厉公突（前679—前673）	（16）定公宁（前529—前514）
（8）文公捷（前672—前628）	（17）献公虿（前513—前501）
（9）穆公兰（前627—前606）	（18）声公胜（前500—前476）

九、卫（前770—前476）

（1）武公（前770—前758）	（12）穆公速（前599—前589）
（2）庄公杨（前757—前735）	（13）定公臧（前588—前577）
（3）桓公完（前734—前719）	（14）献公衎（前576—前559）
（4）宣公晋（前718—前700）	（15）殇公剽（前558—前547）
（5）惠公朔（前699—前697）	（16）献公速（前546—前544）
（6）黔牟（前696—前687）	（17）襄公恶（前543—前535）
（7）惠公朔（前686—前669）	（18）灵公元（前534—前493）
（8）懿公赤（前668—前661）	（19）出公辄（前492—前481）
（9）戴公申（前660）	（20）庄公蒯聩（前480—前478）
（10）文公毁（前659—前635）	（21）起（前477）
（11）成公郑（前634—前600）	（22）出公后元（前476）

十、陈（前770—前479）

（1）平公（前770—前755）	（9）灵公平国（前613—前599）
（2）文公圉（前754—前745）	（10）成公午（前598—前569）
（3）桓公鲍（前744—前707）	（11）哀公弱〔楚灵王灭陈，529复国〕
（4）厉公跃（前706—前700）	（前568—前534）
（5）庄公林（前699—前693）	（12）惠公吴（前533—前506）
（6）宣公许臼（前692—前648）	（13）怀公柳（前505—前502）
（7）穆公颖（前647—前632）	（14）湣公越〔楚灭陈〕
（8）共公朔（前631—前614）	（前501—前479）

十一、蔡（前770—前476）

（1）釐侯（前770—前762）	（9）文侯申（前611—前592）
（2）共侯兴（前761—前760）	（10）景侯固（前591—前543）
（3）戴侯（前759—前750）	（11）灵侯般〔楚灭蔡，529复国〕
（4）宣侯考父（前749—前715）	（前542—前531）
（5）桓侯封人（前714—前695）	（12）平侯庐（前530—前522）
（6）哀侯献舞（前694—前675）	（13）悼侯东国（前521—前519）
（7）穆侯肸（前674—前646）	（14）昭侯申（前518—前491）
（8）庄侯甲午（前645—前612）	（15）成侯朔（前490—前476）

十二、吴（前585—前476）

（1）寿梦（前585—前561）	（5）僚（前526—前515）
（2）诸樊（前560—前548）	（6）阖闾（前514—前496）
（3）馀祭（前547—前531）	（7）夫差（前495—前476）
（4）馀眛（前530—前527）	

十三、越（前510—前476）

（1）允常（前510—前497）	（2）勾践（前496—前476）

战国

（前475—前221）

1. 东周五百年

周平王迁都洛邑的事情，已经见于前面的叙述。周平王在洛邑即位以后，不再想着申侯杀害父亲的仇恨，反而怀念申侯保全自己的功劳，派遣王都千里内的百姓，前去戍守申国和许国，以便防备戎人的侵扰。他既不能在政治上发愤图强，又加上晚年无道，愈发严重，国力逐渐衰落，诸侯都背叛了周朝。所以，孔子撰写《春秋》一书，由周平王四十九年开始，周室便下降到与诸侯同列的地步。周平王在位五十一年，孙子周桓王林即位。

周桓王讨伐郑国，郑国发兵抵御，双方在繻葛交战，郑军用箭射中了周桓王的肩膀。楚子熊通侵犯随国，指使随国向周桓王请求封赐爵位。周桓王不肯答应，熊通便恼怒地说："我们先代的君主鬻（yù）熊，是周文王的师保。周成王推举我的先祖留居楚地，蛮人夷人在楚国的威势之下俯首听命。然而周天子不肯给我晋升王位，我就自尊为王吧！"熊通便自立为楚武王，周桓王却无法问罪。

周桓王在位二十三年，其子周庄王佗即位。周公黑肩打算杀害周庄王，拥立周庄王的弟弟王子克，辛伯向周庄王报告以后，便与周庄王杀掉了周公黑肩，王子克也逃亡到燕国。周庄王在位十五年，其子周釐王胡齐即位。周釐王也称为周僖王。当时，齐桓公已经创立霸业，此后权力便归于霸主。周釐王在位五年，其子周惠王阆即位。

当初，王姚受到周庄王的宠爱，生了儿子王子颓。芴国做了王子颓的老师以后，打算把他立为太子，但没有成功。及至周惠王即位，便占据芴国的菜园作为畜养兽类的处所。边伯的住宅靠近王宫，周惠王又占为己有。周惠王还夺取子禽祝跪和詹父的田地，收回了膳夫石速的俸禄。

第二年，芴国等五大夫依靠苏氏发动叛乱。不久，这五位大夫拥奉着王子颓攻打周惠王，未能取胜，只好逃亡到温地，苏子拥奉王子颓逃亡到卫国。卫国军队和燕国军队攻打周惠王，将王子颓立为天子。第三年，郑厉公调解周王室的纠纷未能成功，便带着周惠王回国，让周惠王在栎（yuè）地居住。及至郑厉公进入邬（wū）地，就势开进成周，携带成周的宝物和器皿回国。

冬季，周朝的王子颓设宴招待芴国等五位大夫，演出了音乐与舞蹈。郑厉公得知消息后，去对虢叔说："我听说，悲哀与快乐不分场合，祸殃必定发生。现在，王子颓不知困倦地观赏歌舞,这是幸灾乐祸啊。凡司寇执行死刑的时候,国君尚且要为此减少进膳,撤除音乐,又哪里敢于幸灾乐祸呢!篡取王位,所招致的灾祸最大,你为什么不让惠王复位呢?"虢公说:"这正是我的心愿啊。"第四年夏季,郑武公和虢公护送周惠王复位,杀死了王子颓和芮国等五位大夫。郑厉公设宴招待周惠王,周惠王赐给他虎牢以东的土地。虢公为周惠王在玨(bàng)地营建行宫,周惠王把酒泉一地赐给他。郑厉公与虢公都曾向周惠王请求赏赐器物,周惠王赐给虢公一个青铜酒杯,赐给郑厉公一个王后使用的绅带和铜镜。从此,郑伯开始怨恨周天子。周惠王在位二十五年,其子周襄王郑即位。

当初,周惠王娶陈妫(guī)为妻,陈妫生太子郑和王子叔带。叔带的食邑在甘地,受到周惠王的宠爱。周惠后打算将叔带立为太子却没有成功,于是周襄王即位。叔带准备与戎狄一起进攻周朝,周惠王得知,准备杀死叔带,叔带逃亡到齐国。

齐国派遣管仲为周室与戎人媾和,还让诸侯各自发兵戍守成周。其后,富辰请求将叔带召回,周襄王采纳了他的建议,便从齐国将叔带召回。

郑国攻打滑国,周襄王派伯服和孙伯前往郑国为滑国说情,郑文公不听,便将伯服和孙伯两人抓了起来。周襄王大怒,准备率领戎人攻打郑国。富辰进谏说:"这可不行。最好的办法是以德行服人,其次是与亲属亲近。现在,您不肯容忍小小的怨愤,却要放弃郑国的亲属关系,那以后将怎么办才好呢?"周襄王不肯听从,派遣颓叔和桃子出动狄人的军队攻打郑国，夺取了栎地。

周襄王感激狄人的帮助，又听说狄君的女儿叔隗（wěi）长得如花似玉，姿色俊美，便准备娶狄君的女儿为王后。富辰又一次进谏说："狄人本来就贪婪成性，而您却又来引导他们。女子的德行没有尽头，妇人的怨恨没有终结。狄人必定成为祸患。"周襄王不从。不久，狄君的女儿叔隗身穿军装，外出打猎，与叔带较量射箭的技法，叔带便乘机与叔隗私通。周襄王得知；便废掉了隗后。颓叔和桃子说："实际上是我们指使狄人这样做的，狄人恐怕要怨恨我们。"于是，他们拥奉叔带率领狄人的军队攻打成周，将周朝的军队打得大败。周襄王出走郑国，在汜地住下。狄人将叔带立为周王，叔带将叔隗立为王后，便在温地住下。周襄王派人向诸侯通报国内发生的这一祸难，晋文公便迎接周襄王恢复王位，周襄王进入王城，将叔带杀死在温地。

周襄王在位三十三年，其子周顷王壬臣即位。周顷王在位六年，其子周匡王班即位。周匡王在位仅六年，其弟周定王瑜即位。楚庄王攻打陆浑之戎，抵达洛水边上，在周朝的郊野上陈兵示威。周定王派王孙满慰问楚庄王，楚庄王向他打听九鼎的大小轻重。王孙满回答说："拥有天下，在于有德，而不在于九鼎。虽然周朝的德行已经衰微，但是天命并没有改变，九鼎的轻重，您还不能过问。"楚庄王怀着惭愧与戒惧的心情，撤军回国。

周定王在位二十一年，其子周简王夷即位。周简王在位十四年,其子周灵王泄心即位,他生下来就有胡须,在位二十七年,其子周景王贵即位。周景王在位二十五年。

当初,周景王的儿子太子圣早年夭亡,便将次子猛立为太子。又有庶出的儿子王子朝受到周景王的宠爱,周景王打算立他为太子,但未能实现。至此,周景王去世,单子和刘子拥立王子猛为王。王子朝依靠失去官职俸禄的旧有的官员,率领士兵驱逐刘子,刘子逃亡到扬地。单子在庄宫拥奉王猛。王子朝一伙在夜间派人将王猛夺回,单子外出逃亡,王子朝一伙拥奉王猛追赶单子。晋国人率领军队将王猛送回王城,王猛去世。众大夫拥奉王猛的弟弟王子匄即位,这就是周敬王。

周敬王住在狄泉,称作东王。大夫尹氏立王子朝为王,称作西王。单子、刘子带着晋国军队攻打西王,未能取胜。晋顷公派遣士司景伯前来询问周室的变故,王子朝所言亏理。于是景伯辞别王子朝而去,不肯接待他的使者。第四年冬季,晋国军队以及刘子、单子的军队进攻王子朝,并将他打败。尹氏、召伯、毛伯领着王子朝外逃到楚国,周敬王进入王城。其后,吴国进入郢都,周景王的人趁着楚国大乱,在楚国杀掉了王子朝。

周敬王三十九年春季,鲁国在西郊打猎,捉到一匹麒麟,孔子撰写《春秋》一书,就此告终。在此之前是春秋时期,在此之后是战国时期。周敬王在位四十四年,其子周元王仁即位。周元王在位七年,其子周贞定王介即位。周贞定王在位二十八年,其子周哀王去疾即位。周哀王在位三个月,其弟叔将他杀害,从而自立为王,这就是周思王。这一年秋季八月,小弟弟嵬(wéi)

杀死周思王叔，自立为王，这就是周考王。

周考王在位十五年，其子周威烈王午即位。周威烈王二十三年，周天子最初策命晋国大夫魏斯、赵籍、韩虔为诸侯。周威烈王在位二十四年，其子周安王骄即位。周安王十六年，周天子最初策命齐国的田和为诸侯。周安王在位二十六年，其子周烈王喜即位。周烈王在位七年，其弟周显王扁即位。周显王八年，彗星在西方出现。卫国的商鞅来到秦国，秦孝公采用了他的计策，秦国成了天下最强大的国家，于是秦国初次称王。周显王在位四十八年，其子周慎靓（jìng）王定即位。周慎靓王在位六年，其子周赧王延即位，在位五十九年。

秦庄襄公攻打赵国，周赧王害怕秦国过于强盛，打算与诸侯一起讨伐秦国。为此，秦国便入侵周境。周赧王前往秦国，伏地叩头，承认罪责，将本国三十六座城邑全部献上，计有人口三万户。秦国接受了他的进献，周赧王返回周朝，便去世了。

先前，王子朝发起变乱以后，他的余党大多聚集在河南王城，周敬王只好避开王城，以成周为都。周考王将他的弟弟王子揭封在王城，以便接续周公的官职。王城在成周的西面，也号称西周。经过三代传承，到了惠公时，他又将小儿子班封到王城东面的巩邑，巩邑也号称东周。其后，周赧王将都城迁移到西周，西周武公仍然依附在这里。至此，周赧王与周武公一并灭亡，只有东周君还存在着，东周君传位给儿子杰。

又过了七年，东周君与诸侯计议讨伐秦国，秦国派遣相国吕不韦率领军队灭掉东周，将东周君迁移到阳人聚。于是，周便无人奉祀。在周朝灭亡时，一共才有七座城邑。以上所叙述的东周史迹，始于周平王元年，至于东周君七年，凡有二十五王，一共经历了五百二十二年。通计西周与东周，共有三十七王，历时八百七十四年。其后，汉朝将周朝的后人姬嘉封为君，继又封为侯，再封为公，一直传承到晋朝，还没有废灭。

周武王战胜商朝，分封诸侯，爵位有五级，封土有三等：公与侯拥有封地一百里，伯拥有封地七十里，子与男拥有封地五十里。如果不满此数，便是诸侯的附庸国。大概当时有一千八百个国家。周室衰落以后，各国相互吞并，在数百年时间里，各国消耗殆尽，能够在《春秋》经传中看到的国家，总共有一百二十四国。

由周夷王在位时期开始，卫国康叔的七世孙卫顷侯首先破坏周朝的制度，吞并了邶（bèi）与鄘（yōng）两地。在春秋时期，晋国消灭了十二个国家：耿、霍、魏、虢、虞、焦、杨、韩、偪（bī）阳、肥、陆浑、鼓。楚国消灭了二十一个国家：息、弦、黄、夔、邓、权、江、六（lù）、蓼、庸、赖、陈、舒鸠、蔡、唐、顺、胡、申、随、杞、莒。齐国消灭了四个国家：谭、逐、纪、彰。秦国消灭了四个国家：梁、滑、蜀、义渠，还消灭了西戎的十二个国家。吴国消灭了两个国家：徐、州来。越国消灭了两个国家：吴、郯（tán）。此外还有：鲁灭项，邾灭须句，卫灭邢，莒灭鄫，郑灭许，蔡灭狄，沈灭温，宋灭曹。又有赵无恤灭代，晋荀瑶灭夙繇，赵灭中山。春秋时期，在征伐与会盟中看到的最著名的国家有十二个，其中最强盛的就是晋国，北方诸侯对晋国唯命是听。

2. 诸侯服晋

当初,周成王九年,将弟弟叔虞分封到唐地,国号称作晋。晋国为姬姓,爵位为侯,所以将叔虞称作唐侯。唐侯叔虞传位给晋侯燮、武侯宁族、成侯服人、厉侯福、靖侯宜臼、僖侯司徒、献侯籍、穆侯费。晋穆侯生了太子仇和成师。晋穆侯去世,其弟晋殇侯篡位自立,太子仇又杀掉晋殇侯,自立为君。在犬戎造成的祸难中,晋文侯仇率领军队营救周室,周平王将河内地区作为附庸赐给晋国,于是晋国开始壮大起来。晋文侯传位给儿子晋昭侯伯,晋昭侯将叔父成师封在曲沃,号称桓叔。晋国以翼地为都城,但曲沃日益强大,而翼都逐渐衰弱,于是翼都与曲沃分为两个支系。

晋昭侯传位给晋孝侯平、晋鄂侯郄(xì)、晋哀侯光、晋小子侯、晋侯缗(mǐn),被曲沃武公灭掉。曲沃一系由桓侯成师开始受封,传位给庄伯鳝(shàn)、武公称,便灭掉翼都一系,继承了晋国的正统。曲沃武公传位给晋献公诡诸的时候,晋国吞并各国,日渐强盛。晋献公传位给奚齐、卓子、晋惠公夷吾、晋怀公圉,接着是晋文公重耳即位,称霸诸侯,他的事迹已见于前面的叙述。从此以后,晋国累世担当霸主。

晋文公传位给晋襄公骧(xiāng)、晋灵公夷皋。晋灵公丧失了为君的体统,用加重赋税征敛得到的收入去彩画墙壁,从高台上用弹丸打人,观看人们如何躲避弹丸。赵盾多次进谏,晋灵公屡次派人杀害他,没有实现,赵盾外逃。赵盾弟赵穿在桃园攻杀晋灵公,赵盾还没有走出国境,就又返回来,迎接晋文公的小儿子晋成公黑臀为国君。晋成公传位给晋景公据。

当初,晋献公让赵夙为其驾车,毕万作为车右,消灭了耿国、霍国和魏国,将耿地赐给赵夙,将魏地赐给毕万,让他们做了大夫。赵夙成为赵氏的始祖,毕万成为魏氏的始祖。晋文公在位时,先轸统领中军,后来成为范氏;荀林父统领中行(大概是将中军改称为中行),后来便成为中行氏。荀林父弟荀首的食邑在智地,后来成为智氏。曲沃桓叔的儿子曲沃庄伯把弟弟封在韩原,后来成为韩氏。上述六族,就是晋国的六卿。对诸侯不必多讲,只有赵氏保全遗孤的事情,不能不详细说明实情。

根据《左传》记载,赵盾的儿子赵朔,娶了晋成公的女儿庄姬为妻,生了赵武。赵朔早年死去,赵盾之弟赵婴与侄媳妇庄姬私通。赵同与赵括因此讨伐他,准备将他放逐到齐国去。赵婴说:"有我在,所以栾氏没有作乱。我离开以后,你们两位老哥恐怕就危险了!况且人们各有所长,也各有所短,把我宽赦了有什么害处呢?"赵同和赵括不肯听信。赵婴梦见天使对自己说:"你祭祀我吧,我为你降福。"赵婴祭祀了天使,第二天便出走齐国。庄姬因赵婴流亡而向晋景公诬陷二人说:"赵同与赵括准备作乱,有栾氏与郤至可以做证。"于是,晋国杀掉赵同和赵括。赵武跟随庄姬养育在晋景公的宫中,因此晋景公把赵氏的田地赐给了祁奚。

晋景公梦见一个巨大的厉鬼,披散的头发拖在地面上,捶着胸,跳跃着说:"你杀害我的孙子不合道义,我已经请求天帝惩罚你了!"厉鬼毁坏了宫门和寝门,走了进来。晋景公十分害怕,便躲进后面的内室,厉鬼又毁坏了内室的小门。

晋景公惊醒后,召见桑田的巫人占验梦境,巫人所说的与梦境一模一样。晋景公说:"我今后的情形怎么样呢?"巫人说:"您不能吃到今年新收获的麦子了。"晋景公得了重病,秦国派医缓为晋景公诊治。在医缓到来之前,晋景公梦见自己的病变成两个小孩,一个说:"那人是一位高明的医生,恐怕会伤害着我们,我们怎样才能逃开呢?"另一个说:"我们留在肓(huāng)的上面、膏的下面,他又能把我们怎么办!"医生来了就说:"你的病无法治疗了。病在肓的上面、膏的下面,灸法不能用,针法刺不着,药力达不到。"晋景公说:"你真是一位高明的医生啊。"便办备了丰厚的礼物送他回国。

六月六日,晋景公想吃麦饭,让甸人进献麦子,由馈人煮成麦饭,召来桑田的巫人,让他看了麦饭,便将他杀掉了。晋景公准备去吃麦饭的时候,觉得腹部发胀,去上厕所,结果跌到粪坑中死去。有一个宦官早晨梦见背着晋景公登天,及至中午,他又将晋景公背出厕所,于是便以他殉葬。

晋景公尚未去世时,韩厥对晋景公说:"凭着成季的功勋,宣孟的忠诚,却不能留下后嗣,做善事的人就恐惧不安了!"于是,晋景公将赵武立为赵氏的后嗣,并将赵氏的田地归还给他。孔子《春秋》记载晋国杀害大夫赵同和赵括,并没有言及赵朔,这正是圣人经典明白可据的地方。而《史记》记载屠岸贾发难诛杀赵氏，以及程婴、公孙杵臼保全孤儿的事情，不知有何依据。有人说，这是韩信的孤儿被保全下来的故事。

正当韩信在长乐宫悬钟的屋子里被杀的时候，韩信家中有一位宾客藏匿了他三岁的儿子。宾客知道萧何平时与韩信友好，只是迫不得已被吕后挟持，便私下去谒见萧何，略微表示出一点韩信将会失去后人的意思。

萧何仰天长叹说："冤枉啊！冤枉啊！"眼泪滴滴落下。宾客见萧何出于真情，便将实情告诉了他。萧何吃惊地说："你能够藏匿淮阴侯的儿子吗？你不能留在中国了，赶紧逃走吧。南粤赵佗一定能将这个孩子保全下来。"于是，萧何写了一封书信交给宾客，让赵佗把孩子藏匿起来。他说："这是淮阴侯的儿子，请您好好对待他。"

赵佗将孩子收养为子，将他密藏在海滨，让他姓韦，这韦字正是韩字的一半。现在韦氏一族仍然在广南海濡之间称豪。由于是汉朝人为他立传，不便于明言，便以吕后为屠岸贾，以韩为赵，以萧何家为公孙，而程婴与公孙杵臼便是韩信的宾客的名字。司马迁撰写《史记》的时候，因袭了这种说法，于是成为千古疑案，就像如今的小说一样，并不是真实的记录。

晋景公传位给晋厉公寿曼。晋厉公被栾书和中行偃所杀害，他们派人从京城迎回晋襄公的曾孙晋悼公周，立为国君。晋悼公非常贤明。他任用魏绛，重振霸业，晋国三次出兵，楚国都不敢争锋。晋悼公传位给晋平公彪、晋昭公夷。这时，国内六卿逐渐强盛，因而大权独揽，晋侯逐渐衰弱，无法控制臣属。君位再传给晋顷公弃疾、晋定公午、晋出公凿。

　　智瑶与韩、魏、赵三家消灭了范氏和中行氏，瓜分了他们的领地。晋出公通报齐、鲁两国，请他们讨伐智氏、韩氏、魏氏、赵氏四卿。四卿反而攻打他们的君主，晋出公逃往齐国，半途中死去，智伯拥立晋昭公的曾孙骄为国君，这就是晋哀公，但是政权仍然由智伯独揽。及至智伯宣子死去，智襄子执掌国政，向韩、魏提出割地的要求，韩、魏都把土地割让给了智襄子。智襄子又向赵提出割地的要求，赵襄子不肯交割。智襄子便率领韩康子和魏桓子攻打赵襄子。

　　当初，赵简子派遣尹铎治理晋阳，尹铎请示说："您是要我前去养蚕缫丝，还是要我前去保卫屏护疆土？"赵简子说："当然是保卫屏护疆土。"于是，尹铎在那里减轻赋税，舒解民力。至此，赵襄子想起尹铎与赵简子的对话，便逃奔晋阳。智氏、韩氏、魏氏三家决开河水冲灌晋阳，露在水面以上的晋阳城墙只有六尺之高，淹没在水中的炉灶日久生出蛤蟆，但当地人民依然没有背叛赵襄子。

　　赵襄子派遣张孟谈暗自出城，去见韩康子和魏桓子说："我听说唇亡齿寒，现在智襄子率领韩、魏两家前来攻打赵氏，倘若赵氏灭亡，接下来轮到的就是韩氏与魏氏两家了！"韩康子与魏桓子二人便暗中与张孟谈约定，让赵氏在夜间派人杀掉防守堤坝的军吏，反而决开河水来冲灌智襄子的军队。韩康子与魏桓子又从两翼进击智襄子，大败他的兵众，将他的氏族全部消灭，从而由三家瓜分了他的领地。

周威烈王最初将大夫魏斯、赵籍、韩虔策命为诸侯。晋哀公传位给晋幽公柳，晋幽公又被夫人秦嬴所杀害。魏文侯立晋烈公止为晋君，晋烈公传位给晋孝公顷和晋靖公俱酒。周安王二十五年甲辰，韩、赵、魏三家共同废黜晋靖公俱酒为家人，晋国领土由三家瓜分，晋国灭亡。晋国共有四十位国君，经历了七百二十二年。

自此以后，晋国分离为三个国家。其一称作魏国，魏氏是周文王庶出的儿子毕公高的后人。周威烈王将魏斯策命为魏文侯，魏文侯传位给魏武侯击，到了魏惠王䓨（yīng）时，魏国称王，魏惠王就是《孟子》一书中的梁惠王。魏惠王再传位给魏襄王、魏昭王、魏安釐王和魏闵王，至魏王假，共有八代国君，经历了一百七十七年，秦始皇灭掉了魏国。

其二称作赵国，赵氏与秦人同祖，是蜚廉的后人。周威烈王将赵籍策命为诸侯，这就是赵烈侯。赵烈侯传位给赵武侯、赵敬侯、赵成侯、赵肃侯，到了赵武灵王雍在位的时候，赵国称王。赵武灵王再传位给赵惠文王、赵孝成王和赵悼襄王，至赵幽穆王迁在位的时候，秦始皇灭掉了赵国。赵幽穆王的哥哥嘉在代地自立为国君，号称代王，历时六年，秦国又将代王灭掉。赵国共有十一代国君，经历了一百八十二年。

其三称作韩国，韩氏与晋君同祖，是曲沃伯桓叔的后人。周威烈王将韩虔策命为诸侯，这就是韩景侯。韩景侯传位给韩烈侯、韩文侯、韩哀侯、韩懿侯、韩昭侯，到了韩宣惠王时，韩国称王。韩宣惠王再传位给韩襄王、韩僖王、韩桓惠王，到了韩王安时,秦始皇灭掉了韩国。韩国共有十代国君,经历了一百七十四年。

3. 南国唯楚

历来与晋国为敌、称霸南方的国家,便是楚国。凡是南方诸侯,都对楚国唯命是从。楚国为芈(mǐ)姓,爵位为子,是颛顼的后人。

楚高祖鬻熊供职于周文王,周成王因鬻熊受到先王的恩庇,便将子男之田分封给他的玄孙熊绎,号称楚国。熊绎传位给熊艾、熊䵣(dàn)、熊胜、熊杨、熊渠、熊挚红。熊挚红的弟弟熊延杀害了熊挚红,自立为国君。熊延传位给熊勇、熊严、熊霜、熊徇、熊咢(è)、熊仪即若敖、熊坎即霄敖、熊晌(xún)即蚡(fén)冒。

蚡冒的弟弟熊通杀死蚡冒的儿子,自立为国君,于是僭越名号,自称为王,吞并各国,逐渐强大。熊通传位给楚文王熊赀(zī)、庄敖熊艰。熊艰被他的弟弟楚成王熊恽(yùn)杀害。熊恽在位四十六年,被他的儿子楚穆王商臣杀害。楚穆王传位给楚庄王旅,称霸诸侯,其事迹已经见于前面的叙述。

楚庄王传位给楚共王审、楚康王昭、郏(jiá)敖员,郏敖员被楚康王的弟弟楚灵王围杀害。楚灵王围在位十二年,被公子比和公子弃疾杀害。公子弃疾即位,这就是楚平王。楚平王奸占迎娶儿媳,杀害伍奢和伍尚,伍员逃亡到吴国。及至楚平王去世,其子楚昭王轸即位。伍员率领吴国军队进攻楚国,经过五次交

吴起吮卒痛疽

战,打到了郢都,楚昭王逃亡到随地。申包胥率领秦国军队营救楚国,吴国军队大败而回。

楚昭王恢复君位以后,传位给楚惠王章、楚简王中、楚声王当、楚悼王疑。楚悼王任命吴起为大将,免除了公族并非急需的俸禄,用来奉养战斗之士,楚国大为强盛。及至楚悼王去世,贵族共同攻杀了吴起。君位再传给楚肃王臧、楚宣王良、楚威王商、楚怀王槐。秦昭王攻打楚国,夺取了八座城邑。秦国写书信给楚怀王,声称秦国希望在武关举行会盟,停止用兵,楚怀王信以为真,前往秦国。屈平劝楚怀王不要入秦,楚怀王不肯听从。秦国让一位将军伴装秦王,在武关设下埋伏,将楚怀王捉获,带回秦国。

楚怀王病情发作,在秦国死去,子楚顷襄王横即位。楚顷襄王传位给楚考烈王完,楚考烈王没有子嗣。春申君黄歇,纳李园的妹妹为妾,在怀有身孕以后,李园劝说春申君将自己的妹妹进献给楚考烈王,于是生下一子。楚考烈王去世,春申君的儿子楚幽王悼即位。李园打算独揽大权,在宫门埋伏甲兵,刺杀了春申君,并诛灭了他的全家。楚幽王在位十年,其弟楚哀王犹即位,五个月以后,楚哀王的庶兄负刍篡夺了王位。负刍在位五年,被秦始皇灭掉,楚国灭亡。楚国君主传续了四十代,历时八百八十多年。

接下来便应提到齐国。齐国为姜姓,又为吕姓,爵位为侯。太公望辅佐周王室,周武王十三年己卯,将太公望分封到营丘,号称齐国。太公望传位给丁公伋、乙公得、癸公慈母、哀公不辰。哀公不辰被周懿王烹杀，弟胡公靖即位。癸公慈母之子献公山袭击胡公靖，自立为国君，传位给齐武公寿、齐厉公无忌、齐文公赤、齐成公脱、齐庄公购、齐僖公禄甫，国势逐渐强大。

齐僖公的儿子齐襄公诸儿淫乱无道，被堂弟公孙无知杀害，他的弟弟齐桓公小白即位，称霸诸侯，其事迹已经见于前面的叙述。齐桓公去世，易牙和竖刁将公子无亏立为国君，却又被齐国人杀死。宋国人送齐孝公昭回国即位，及至齐孝公去世，其子被卫公子开方杀害，其弟齐昭公潘即位。齐昭公去世，其子舍被齐懿公商人杀害，齐懿公又被邴歜（bǐng chù）、阎职杀害。齐国人拥立齐懿公的哥哥齐惠公元即位，齐惠公传位给齐顷公无野、齐灵公环、齐后庄公光。齐后庄公与崔杼（zhù）的妻棠姜私通，淫猥放荡，毫无顾忌，结果被崔杼杀死。

齐景公杵臼即位以来，陈氏日益壮大。齐景公宠爱儿子荼（tú），将他立为国君。陈乞杀死晏孺子荼，拥立齐悼公阳生为国君，齐悼公又被鲍牧杀害。齐国人拥立齐悼公的儿子齐简公壬为国君，齐简公又被陈恒杀害。陈恒拥立齐简公壬的弟弟齐平公骜（áo）即位，自己独揽大权。齐平公传位给齐宣公积。到了齐康公贷在位时，田和将本国国君迁移到海滨，篡夺了齐国。田和请求为诸侯，周安王应允。田和也号称齐太公，他的儿子田午也号称齐桓公。齐桓公午的儿子号称齐王，这就是齐威王。齐威王之子齐宣王辟疆，就是《孟子》一书中的齐宣王。

当时，燕国国相子之与苏秦的弟弟苏代通婚，子之打算得到燕国的大权。适逢苏代出使齐国归来，燕王哙（kuài）问他说："齐国能称霸诸侯吗？"苏代回答说："不能。"燕王说："为什么不能？"苏代回答："齐国君主不能信任大臣。"于是，燕王专门任用子之。鹿毛寿又用尧舜禅让天下的故事劝说燕王让位，燕王便将燕国让给了大臣子之，燕王哙反而成为子之的臣下，燕国大为混乱。

齐宣王前去攻打燕国，捉住子之，将他剁为肉酱，杀死燕王哙。过了三年，燕国人共同拥立燕王哙子平，这就是燕昭王。燕昭王礼遇贤者，奉养士人，与百姓同甘共苦，肯于屈己，不惜重礼，招纳贤人。于是，乐毅从魏国前来，剧辛、邹衍等人都各自由本国前来。燕昭王任命乐毅为亚卿，把国政委任给他。齐宣王传位给子齐湣（mǐn）王地。

齐湣王在灭掉宋国后心骄志满，便向南侵犯楚国，向西侵犯韩、赵、卫三国，打算吞并东西两周，自作天子。燕昭王调集本国全部兵马，任命乐毅为上将，连合秦国、魏国、韩国和赵国的军队攻打齐国。齐湣王集中本国全部兵马，在济西抵御，结果大败。乐毅长驱直入临淄，迅速攻下了齐国的七十多座城邑，只剩下莒城和即墨两地未能攻克。齐湣王逃亡到莒城，向楚国求救。楚国派遣淖（nào）齿率领军队救援齐国，因而成为齐相，留在莒城。淖齿打算与燕国共同瓜分齐国领土，便挑断齐湣王的筋，将他吊在庙堂的横梁上，隔了一夜，齐湣王便死去了。

齐湣王之子法章，改姓换名，为太史敫（jiǎo）家浇灌菜园。太史敫的女儿见法章相貌奇特，爱上了他，偷偷给他衣服和食品，与他私通。王孙贾召集莒城居民攻杀淖齿，寻得法章，拥立为齐襄王，重新防守莒城，抵御燕军。燕国的乐毅包围即墨，即墨大夫出兵战死，即墨百姓共同推举田单担任将领，抵御燕国。

燕国围困莒与即墨二城，历时三年，未能攻克。适逢燕昭王去世，燕惠王即位。燕惠王从当太子时起，素来就对乐毅感到心中不快。田单得知，便使用反间计，离间乐毅。燕惠王对乐毅产生了怀疑，派遣骑劫代替乐毅领兵，召乐毅回国，乐毅逃亡到赵国。

田单诈称神兵下降，助他复国，又佯装请求投降，却在暗中聚集城中的牛群，共得到一千多头。他给牛披上大红色绢帛制成的披挂，在上面画上五颜六色的云龙花纹，把兵器绑在牛角上，把浸透油脂的芦苇把子绑在牛尾巴上，在城墙上凿出十个洞穴作为出口，在夜间把牛群放出来，点燃了牛尾巴。牛群怒不可遏，用尽力气向燕国军队急奔猛冲，燕国军队大败，齐国人杀死骑劫，将七十多座城邑一举全部收复。于是，田单前往莒城，迎接齐襄王进入临淄，恢复君位。齐襄王以太史敫的女儿为王后，这就是君王后，君王后生了齐王建。

齐襄王去世，君王后主持国政。君王后去世后，齐王建被秦始皇灭掉，田齐灭亡。田齐共有七代国君，经历了一百六十六年。

4. 列国史迹

再次应该提到燕国。燕国为姬姓，爵位为伯，周武王十三年己卯，将召康公奭分封到燕地，传承了三十六代国君，到了燕文王之子燕易王在位时，开始称王。燕易王之子燕王哙把国家让给臣属子之，子之被齐国杀掉，燕国灭亡。燕王哙之子燕昭王安定恢复了燕国，几乎灭掉齐国。燕昭王传位给燕惠王、燕武成王、燕孝王，到燕王喜在位时，燕国遭受秦国的进攻。为了躲避秦军，燕王喜迁居辽东。四年后，秦始皇灭掉了燕王喜。燕国共有四十一代国君，经历了九百零一年。

以上所述，晋国在春秋时代合为一国，在战国时代分成魏、赵、韩三国，而韩国仍然是晋国的支脉。齐国在春秋时代是姜齐，在战国时代是田齐。加上楚国和燕国，共有六国。六国都从西周初年兴起，逐渐强盛，历经春秋战国，被秦始皇灭掉。这就是人们所说的秦始皇吞并六国。

此外，文献之邦，首推鲁国。鲁国为姬姓，爵位为侯。周武王将弟周公旦分封到曲阜，号称鲁国。周公旦传位给鲁公伯禽，鲁考公酋、鲁炀（yáng）公熙、鲁幽公宰。在周昭王时期，鲁幽公之弟鲁魏公濞（fèi）杀死鲁幽公，自立为国君。鲁魏公传位给鲁厉公擢、鲁献公具、鲁真公濞（bì）、鲁武公敖、鲁懿公戏。其侄伯御杀死鲁懿公，自立为国君，周宣王将他攻杀。鲁懿公之弟鲁孝公称即位，传位给子鲁惠公弗湟。

鲁惠公的原配夫人是孟子，孟子死后，鲁惠公续娶声子为继室，生鲁隐公息姑。宋武公生女儿仲子，仲子生下来手中写有文字，说她将会成为鲁侯的夫人。因此，仲子嫁鲁，生了鲁桓公允。鲁惠公因仲子手中写有文字，打算传位给允。鲁惠公去世后，允年纪幼小，他的哥哥鲁隐公权且代理国政。鲁桓公长大成人后，鲁隐公遵从父亲的意愿，准备向鲁桓公让国。鲁桓公反而听信了羽父的谗言，杀害了鲁隐公，自立为国君。

  鲁桓公生有四个儿子：长子鲁庄公同、次子庆父、三子叔牙、四子季友。季友未降生时，鲁桓公让人为腹中子占卜，占卜的人说："腹中子是个男孩，他的名字叫作友，处于辅佐公室的地位，一旦季氏灭亡了，鲁国便不再昌盛了。"及至季友诞生，手中写有一个友字，因此给他起名为友。及至鲁桓公与夫人文姜前往齐国，齐襄公兄妹通奸，因而杀死鲁桓公，鲁国人便拥立鲁庄公为国君。

  鲁庄公娶了齐襄公的女儿，名叫哀姜，没有生过子女。哀姜之妹叔姜生启方，这就是鲁闵公。鲁庄公又娶了党氏的女儿孟任，孟任生子般，打算将子般立为国君。鲁庄公得了重病，向叔牙征求立嗣的意见，叔牙回答说："庆父最有才能。"鲁庄公又向季友征求意见，季友回答说："我将誓死拥戴子般。"于是，鲁庄公让叔牙喝下毒酒而死，封立他的儿子公孙兹为大夫，这就是叔孙氏。

  庆父与哀姜私通，及至子闵被立为嗣君，庆父杀死子般，拥立鲁闵公即位，后来又杀死鲁闵公，图谋自立为国君。季友拥奉公子申，并立他为国君，这就是鲁僖公。哀姜逃亡到郑国，齐桓公将她捉住杀死，将她的尸体交还鲁国。庆父逃亡到莒国，季友送上礼物，向莒国索取庆父，逼迫并缢杀庆父，也封立他的儿子公孙敖为大夫，这就是孟孙氏。季友处事贤明，终于稳定了鲁国的局势，于是成为鲁国的辅佐大臣，这就是季孙氏。

孟孙氏、叔孙氏、季孙氏三家都是鲁桓公的后人，因此被称作三桓。鲁僖公传位给鲁文公兴。鲁文公的长妃齐君的女儿出姜，也被称作哀姜。哀姜生公子恶与公子视，次妃敬嬴生鲁宣公俀。敬嬴受到鲁文公的宠爱，却又私自事奉孟孙氏襄仲即公子遂。

鲁文公去世，襄仲杀公子恶和公子视，拥立鲁宣公。从此，三桓专擅国政，将公室的领地分成四份瓜分，季氏占有两份，孟孙氏和叔孙氏各自占有一份，完全由三桓征收赋税，而向鲁宣公交纳贡物。鲁宣公传位给鲁成公黑肱（gōng）、鲁襄公午、鲁昭公裯（chóu）。

鲁昭公打算铲除季孙氏，结果被季平子驱逐出国，在乾侯去世，其弟鲁定公即位，传位给鲁哀公蒋。鲁哀公请求越国出兵，攻打鲁国，以消灭三桓。三桓攻打鲁哀公，鲁哀公逃亡到卫国，又离开卫国，前往越国。后来鲁国人迎接鲁哀公回国，鲁哀公在有山氏的家中去世，其子鲁悼公宁即位。

鲁国的君主如同一个小侯，比三桓的势力弱小得多。君位再传给鲁元公嘉、鲁穆公显、鲁共公奋、鲁康公屯、鲁景公匽（yǎn）、鲁平公叔、鲁文公贾、鲁顷公仇，被楚考烈王灭掉。鲁国共有三十四代君主，经历了八百六十八年。

还有郑国。郑国为姬姓，爵位为伯。周宣王将母弟桓公友分封到郑地，郑桓公在周幽王时犬戎造成的祸难中死去。

郑国地处晋、楚两国中间，晋国与楚国争夺霸主地位，轮番攻打郑国，几乎灭亡。到了子产执掌国政时，郑国政治修明，并且善于与大国周旋，因而使军事争夺稍微停息了一段时间，从此郑国略微可以大致保持安定。当时，公孙黑、公孙段和驷带强行杀死伯有。

子产已经杀了公孙黑，时至七年以后，郑国人忽然互相惊扰着说："伯有来啦！"于是大家逃奔一空，不知去向。有人梦见伯有披甲而行，还说："三月二日，我将要杀死驷带。明年正月二十七日，我还要杀死公孙段。"到了三月二日，驷带死了；第二年正月二十七日，公孙段又死了。郑国人都非常恐惧，子产立子孔的儿子公孙洩和伯有的儿子良止为大夫，来安慰死者的灵魂，人们才不再害怕。

子太叔问："你为什么要连同公孙一并立为大夫呢？"子产说："如果我只为死鬼扶立后人，恐怕百姓产生迷惑，所以要连同公孙一同封立。为的是奉行大义，存亡继绝，也好使自己对民众去做解释。"到了郑康公乙时，韩哀侯灭掉了郑国，而使自己迁都于郑国。郑国君主传承共有二十三代，经历了四百三十二年。

还有宋国。宋国为子姓，爵位为公。周成王三年戊子，在诛杀武庚以后，将微子启分封到宋地，以便接续殷人对祖先的祭祀。微子启的弟弟微仲继位，经过十七代传承，到了宋襄公兹甫时，也曾称霸诸侯。宋襄公传位子宋成公和孙子宋昭公。由于宋襄公夫人王姬与孙子宋文公鲍私通，便杀死宋昭公，拥立宋文公。君位又传承了十代，到宋公剔成时，被弟偃杀害，自立为国君，灭掉滕国和薛国，打败齐国、楚国和魏国，便越位称王，耽于酒色。齐湣王与楚国和魏国共同灭掉了宋国。宋国君主传承共有三十二代，经历了八百二十八年。

还有卫国。卫国为姬姓，爵位为侯。周武王十三年，将弟康叔分封到卫国，经过七代传承，到了卫顷侯时，首先破坏王室制度，吞并了邶、鄘两国。又经过两代传承，到了卫武公和时，率领军队营救周室，辅佐周平王向东迁徙，周天子开始策命卫国为公爵。卫武公传位给卫庄公和卫桓公。

卫桓公被州吁杀害，石碏与卫国人共同杀死州吁，拥立卫宣公晋为国君。卫宣公奸娶了公子伋妻宣姜，宣姜生下公子寿和公子朔，卫宣公又听信卫惠公朔的谗言，杀死公子伋和公子寿。及至卫宣公去世，卫惠公即位，卫宣公庶出的儿子公子顽又与后母宣姜私通，生戴公和文公。卫惠公去世，其子卫懿公赤在位时，为狄人攻灭。

齐桓公率领诸侯军营救卫国，扶立戴公和卫文公，卫文公勤俭持国，使卫国复兴。君位又承传了七代，至卫灵公元，宠爱夫人南子，又为南子召来宋朝，男女并宠。太子蒯聩深感耻辱，打算杀死南子，未能实现，逃奔国外。卫灵公去世，蒯聩子辄即位，这就是卫出公。蒯聩打算回国，卫出公辄发兵抵御，蒯聩凭借着孔悝（kuī）的母亲的势力进入卫国，卫出公出逃国外，蒯聩即位，这就是卫庄公。卫庄公和卫出公父子争夺卫国，卫出公出而复入，入而复出，蒯聩也是两出两入。

晋国的赵鞅驱逐蒯聩，扶立卫灵公的侄子般师。齐国人捉住般师，又扶立卫灵公的儿子起。又被石圃驱逐，而拥立卫灵公之子卫悼公黔。经八代传承，至卫成侯速，降号为侯，依附于三晋。再经三代传承，至卫嗣君，降号为君。又经三代传承，至卫君角。秦国吞并了六国，只有卫国还存在着。到了秦始皇三十六年，才将卫君角废为平民。卫国君主传承四十代，经历了九百零二年。

还有陈国。陈国为妫姓，爵位为侯。周武王将虞舜的后人胡公满分封到陈国，经十八代传承，至陈灵公平国，由于奸淫夏徵舒的母亲，被夏徵舒杀掉。楚军占领了陈国，不久又使陈君复位。再经五代传承，到陈哀公弱时，楚惠王灭掉了陈国。陈国君主传承共有二十四代，经历六百四十五年。其后，陈国的后人又在齐国壮大起来，这就是后齐田氏。

还有蔡国。蔡国为姬姓，爵位为侯。周武王将弟叔度分封到蔡国。蔡叔度因叛乱被杀，其子蔡仲恢复了封国。到了蔡侯齐时，被楚惠王灭掉。蔡国君主传承共有二十五代，经历六百六十二年。

还有曹国。曹国为姬姓，爵位为伯。周武王将其弟振铎分封到陶丘，国号为曹。到曹伯阳时，被宋景公灭掉。当初，曹国有人梦见有一批君子站在国社的墙垣旁边，策划灭亡曹国，曹叔振铎请求等待公孙强，大家都答应下来。做梦者早晨起来去寻找公孙强,曹国并无此人。他告诫儿子说:"我死了以后,假如你听说公孙强执掌国政,一定要离开曹国。"及至曹伯阳即位,喜欢打猎射鸟。曹国边境居民公孙强喜欢射鸟,捉住一只白雁,献给曹伯阳,得到宠爱,并让他担任司城,执掌国政。做梦者的儿子便离开了曹国。

公孙强向曹伯阳进言称霸诸侯的方略,曹伯阳听从了他的主张,便背弃晋国,侵犯宋国。宋国人攻打曹国,晋国不肯营救,宋国灭掉曹国。曹国传承二十五代国君,经历六百三十六年。一般说来,晋国、楚国、齐国、燕国、秦国、鲁国、郑国、宋国、卫国、陈国、蔡国、曹国,这就是春秋十二国。秦国、楚国、齐国、赵国、韩国、魏国、燕国,这就是战国七雄。

此外还有吴国。吴国为姬姓。泰伯逃到吴地,其弟仲雍也相继来到。仲雍传位给子季简,季简传位给叔达,叔达传位给周章。周武王分封周章为吴伯。经过十四代传承,到寿梦时,自称为王。寿梦传位给诸樊、馀祭、馀眜、僚、阖闾,到夫差时,以强暴称霸中国,被越王勾践灭掉。吴国传承君主共有二十六代,经历七百六十年。

还有越国。夏朝的少康将其子无余封在会稽,以便崇奉对夏禹的祭典,国号于越。到允常时,越国称王,允常之子勾践灭掉吴国,国家强盛。经过六代传承,到越王无疆时,越国攻打楚国,被楚国打败,领土遭到侵削。再经七代传承,至闽君摇,帮助诸侯平定秦朝,汉高祖将他封为越王。至汉武帝三十一年,汉朝开始去平定东越,闽越繇王居股杀死东越王余善,投降了汉朝。越国经历了一千九百五十九年而灭亡。

还有邾国。邾国为曹姓，爵位为子，是颛顼的后代。周武王将曹侠分封到郑国，战国时改称为邹国，被楚国灭掉。

还有杞国。杞国为姒姓，爵位为公。周武王将夏禹的后人东楼公分封到杞国，战国时被楚国灭掉。

还有滕国。滕国为姬姓，爵位为侯。周武王将自己的弟弟叔绣分封到滕国，战国时被宋国灭掉。

还有薛国。薛国为任姓，爵位为侯。夏禹将奚仲封在薛地，经历一千九百多年，被宋王偃灭掉。

5. 秦国一统

还有一个由附庸国兴起，日渐强大，终于吞灭东、西二周，兼并天下，统一全国的秦国。秦国为嬴姓，爵位为伯。在虞舜时，伯益被赐姓嬴氏，他的后人为蜚廉。蜚廉之子恶来力气极大，与父亲蜚廉一起事奉殷纣王。周武王讨伐殷纣王时，将二人一齐杀掉。

恶来的五世孙非子，住在犬丘，喜欢马匹，善于喂养繁衍。周孝王命令非子在汧水与渭水之间主管马匹，马匹迅速繁殖，周孝王便将他分封为附庸国的君主，以秦地作为封邑。非子传位给秦侯、公伯、秦仲、秦庄公，到秦襄公时，由于周幽王蒙受犬戎造成的祸难，秦襄公奋力作战，击退犬戎，护卫周平王向东迁徙，占据周朝放弃的全部土地，国家开始壮大起来。秦襄公传位给秦文公、秦宁公、出子，三叔杀死秦出子，拥立秦武公，秦武公传位给秦德公、秦宣公、秦成公，到秦穆公任好时，秦国吞并了十二个国家，开拓了辽阔的土地，称霸西戎，国家开始强盛起来。

秦穆公传位给秦康公、秦共公、秦桓公、秦景公、秦哀公、秦惠公、秦悼公、秦厉共公、秦躁公、秦怀公。秦怀公被庶长晁（cháo）杀害，秦躁公的孙子秦灵公即位，传位给秦简公、秦惠公、秦出公。秦出公被庶长改杀害，秦灵公的儿子秦献公即位，秦献公又传位其子秦孝公。

当时，诸侯都用对待夷狄的态度来对待秦国，将其排斥在诸侯以外，不得参与中原诸侯举行的会盟。因此，秦孝公发愤图强，修明国政，在国内颁布命令说："无论宾客与群臣，只要是能够制定奇计使秦国强盛，我便为他加官晋爵，赏赐封邑。"卫国人商鞅得知，便西行入秦，通过秦国的宠臣景监求见秦孝公，用富国强兵之术劝谏。秦孝公非常高兴，与他商议国家大政。

商鞅打算变法，秦国人都不欢迎。商鞅对秦孝公说："一般在事业初创的时候没有必要与百姓商讨筹划，只有在事业成功以后让他们分享快乐。谈论至上的德行，不必迎合流俗；成就伟大的业绩，不应与众人谋划。智谋之士制定法度，愚昧之人只能唯命是从罢了！"秦孝公说："讲得好。"任命商鞅为左庶长，制定变法的法令：命令居民实行五人为伍、十人为什的编制，让居民互相检举揭发，一家犯法，十家连坐。奖赏告发奸邪的人，惩罚不肯告发奸邪的人。对于建立军功的人，分别按照功劳大小，给予上等的奖赏。对于为私利争斗的人,分别按照情节轻重,施以刑罚。对于从事农业,耕田织布,能够多生产粮食布帛的人,免除该人本身的劳役。从事工商业以及因懒惰而贫穷的人,将他们收为奴婢。要使建立军功的人荣耀显贵,而使没有军功的人即使富有,仍然没有荣显的地位。要实行严刑重罚,使百姓都去参加作战。

法令制定以后,商鞅没有马上公布。他担心百姓不肯相信,便在国都商市的南门旁边竖起一根三丈长的木头,招募能够将木头移放到商市北门的百姓,给予十金。百姓感到奇怪,没有人肯于去移动木头。商鞅又说:"对于能够移动木头的人,给予五十金。"有一个人将木头移走了,商鞅便给了他五十金,以示有令必行。于是,商鞅颁布了命令。命令实行了一整年,秦国百姓中有一千多人议论新法不便。这时,太子也触犯了法令。商鞅说:"法令不能实行,是由于上面有人触犯法令。"由于太子是未来的国君,不能够施加刑罚,商鞅就处罚了太子傅公子虔,将太子师公孙贾处以墨面刺字的刑罚。第二天,秦国人都服从命令了。

此后秦国政治修明,人民为公家作战十分勇敢,为私利争斗却心怀畏惧,秦军战无不胜,攻无不克。周天子给秦国送来霸主的称号,诸侯全来向秦国祝贺。

当时,魏国派遣庞涓攻打韩国,韩国便向齐国求救。齐国任命田忌为主将、孙膑为军师,以攻打魏国的办法来营救韩国,径直奔向魏国的都城,庞涓回兵接战。这一夜,庞涓来到马陵

孙膑布阵

道，齐国的伏兵用箭将他射死，还俘虏了太子申。秦国的商鞅乘着魏国战败的时机，劝说秦孝公："秦国与魏国疆域相连，不是魏国吞并秦国，就是秦国吞并魏国。不如趁魏国兵败之机攻取魏国。"秦孝公听从了他的建议，派遣商鞅率领军队攻打魏国，魏国派遣公子卬领军队抵御。商鞅诱骗公子卬举行会盟，与他饮酒作乐，表示停止用兵，公子卬信以为真。商鞅预先伏下甲兵，届时俘虏了公子卬，开拓领土七百里，魏孝王只好离开安邑，把都城迁徙到大梁。秦国将商地封赏给商鞅，给他十五座封邑，号称商君。

商鞅施行法令严厉而残酷。一次，他在渭水岸边处治囚犯，渭水全被血水染红，许多人都怨恨他。

秦孝公在位二十四年去世，其子秦惠公即位。公子虔一伙告发商鞅谋反，派遣吏人去逮捕他。商鞅逃亡在外，打算到旅店里住下，旅店的主人说："商君的法令规定，如果旅店让没有证件的人住宿，就要处以刑罚。"商鞅叹息着说："我被自己制定的法令所害，竟达到这般地步！"他离开旅店，前往魏国，魏国不肯接受，将他交送给秦国，秦国人将他五马分尸，陈尸示众。

此时，秦国蚕食诸侯，诸侯都为秦国的强盛而忧虑。当初，洛阳人苏秦和魏国人张仪都从师于鬼谷先生。苏秦外出游说诸侯，历时数年，狼狈而归，兄弟妻嫂都耻笑他。苏秦便闭门不出，拿出自己的书来，统统阅读了一遍，得到了《太公阴符经法》一书，埋头诵读，反复揣摩，整整用了一年时间。他说：

"现在我可以去游说当代的君主啦。"

苏秦游历燕国，以合纵之术游说燕文公。燕文公听从了他的主张，向他资助车马，让他游说赵、韩、魏、齐、楚各国，各国都接受了他的主张，送给他许多礼品，任命他为纵约长，同时担当六国的相国。他北上去向赵国汇报的时候，车马行装的气派可与国君相比。

苏秦担心秦国攻打赵国，使合纵的盟约遭到破坏，便暗中派遣张仪前往秦国，为的是让秦国不去攻打诸侯各国，以巩固合纵的盟约。楚国、赵国、燕国、韩国、魏国共同进攻秦国，攻打函谷关。秦国出兵迎击，五国的军队全部败退逃跑。秦惠王派遣公孙衍欺骗齐国和魏国，使他们攻打赵国。赵肃侯责备苏秦，苏秦害怕了，便请求出使燕国，以便报复齐国。

苏秦来到燕国，与燕文公夫人私通，害怕受到惩罚，又逃亡到齐国。他又与齐国的大夫争夺齐君的宠信，结果被贼人杀掉。于是，张仪游说各国，倡导连横，以事奉秦国，合纵的盟约便瓦解了。秦惠王在位二十七年去世，其子秦武王即位。秦武王在位四年，由于与力士打赌举鼎，断骨绝脉而死，其弟秦襄昭王即位。

当时，秦国攻打诸侯，夺取城邑，诸侯畏秦如虎。当初，齐王将田婴封在薛地，田婴有子四十多人，其妾生子名田文。田文通达倜傥，机智多谋。他劝说田婴散布家财，奉养士人，田婴让他主持家务，接待宾客。宾客争着称誉田文的优点，田婴便将田文立为后嗣，号称孟尝君。

孟尝君收罗诸侯各国的人才，门下的游说之士和食客有数千人之多，因而声名为天下所推重。秦王听说孟尝君贤明，便让洛阳君去做齐国的人质，而请孟尝君前往秦国，秦国任命他为丞相。有人对秦王说："孟尝君担当秦国的丞相，肯定会先为齐国着想，后为秦国打算，秦国恐怕要危险了！"秦王便任命楼缓为丞相，打算杀掉孟尝君。

孟尝君派人向秦王宠幸的姬妾请求脱身的办法，姬妾说："我希望得到孟尝君的白狐皮袍。"孟尝君本有一件白狐皮袍，已经献给了秦王，手中没有东西满足姬妾的要求。门客中有一个善于小偷小摸的人，潜入秦君的仓库中，将白狐皮袍偷出，拿去献给姬妾。姬妾才向秦王说情，让孟尝君回国。不久秦王后悔了，便派人追赶孟尝君。

孟尝君来到函谷关前，关防法令规定鸡叫以后才能放旅客出关。当时离开关放人的时间还很早，追赶的人马就要赶到。门客中有一个善于模仿鸡叫的人，野外的鸡听到他的叫声也都随着叫了起来，于是孟尝君得以脱身。及至回国以后，孟尝君率领齐国与韩、魏两国攻打秦国，打败了秦国的军队，进入了函谷关，军队横渡渭河，整整用了一天的时间。

秦国派遣公子池割让河东三城，请求媾和，三国军队这才退去。历来攻打秦国所取得的胜利，从没有超过这一次的。

《战国策》记载孟尝君的门客中有一个与他的夫人相爱的人，有人禀告孟尝君："作为您的门客，却暗中与您的夫人相爱，这也太不仁义了！请杀掉他吧，绝不能够宽赦他。"孟尝君说:"看到女色,于是相爱,这是人之常情。请将此事放下,不要再提了。"孟尝君如此对待门客,所以能够使人尽死效力,而使自己干什么都能获得成功。

当时,秦国任命白起为大将,战无不胜,攻无不克,杀人达数十万之多,诸侯为之日益削弱。

当初,楚国的野民卞和在楚山中得到一块璞玉,献给楚厉王。楚厉王让治玉的工匠加以鉴定。工匠说:"这是一块石头啊。"楚厉王便砍去了卞和的左脚。

楚武王即位,卞和又捧着璞玉进献,工匠又说:"这是一块石头啊。"楚武王便又砍去了卞和的右脚。

楚文王即位,卞和捧着璞玉哭泣不止。楚文王让治玉的工匠破开璞玉,得到一块宝玉,因而命名为和氏璧。后来,和氏璧被赵国得到。秦昭王希望得到和氏璧,请求用十五座城邑向赵国换取。赵王就此事征求蔺(lìn)相如的意见,蔺相如说:"秦国拿城邑来换取和氏璧,如果大王不肯应允,就是我们亏理。我们把和氏璧拿给秦国,如果秦国不肯把城邑交割给我们,就是秦国亏理。我愿意担当使者,带着和氏璧前往秦国。如果秦国的城邑不能交给我们,我将完整地带着和氏璧回国。"

蔺相如来到秦国,秦昭王没有拿城邑报偿赵国的意思,蔺相如便哄骗秦昭王,又把和氏璧取回,派遣使者怀揣和氏璧返回赵国,而自己等待秦国的处治。秦昭王称赏蔺相如的贤明,没有杀他,有礼貌地将他送回。于是,赵王委任蔺相如为上大夫。后来,秦国吞并了六国,得到和氏璧,李斯在上面刻了这样的铭

楚绡

文:"受命于天,既寿且昌。"和氏璧便成为传国玉玺了。

秦王和赵王在渑(miǎn)池会见,秦王请赵王鼓瑟,赵王只好鼓瑟,蔺相如也请秦王击缶作为回报。直到会见结束,秦国终究不能够给赵国加上罪名。赵王回国以后,委任蔺相如为上卿,地位在廉颇之上。

廉颇说:"一旦我见到蔺相如,一定要折辱他一番。"蔺相如得知,每当上朝的时候经常称病不出,出门望见廉颇时,总是转身避开。家臣对此引以为耻。

蔺相如说:"就凭着秦国那样强盛,我还敢在朝堂上大声呵斥秦王呢,难道我唯独害怕廉将军吗?但我考虑,秦国之所以不敢派兵侵犯赵国,是由于我们俩人都在赵国的缘故。现在,如果两虎相争,势必不能同时存活。我所以躲避他,就在于将国家的急难放在前面,将私人的仇恨摆在后面啊。"

廉颇听到蔺相如这番话,便脱去上衣,袒露着胳臂,背负着荆条,前往蔺相如家中承认错误,于是两人成了同生共死、患难与共的朋友。

当时,赵国委任赵奢和廉颇为大将,委任蔺相如为相国,国势稍微强盛了一些。及至赵奢去世后,便由廉颇一人担当大将。

秦王派遣王龁(hé)攻打赵国,赵国军队屡次战败,廉颇坚壁自守,秦国人深为忧虑。范雎(suī)派人施行反间计,扬言:"秦国只害怕赵国让赵奢的儿子赵括去担当大将。像廉颇这样的大将容易对付,赵国不久就要投降了。"赵王信以为真,便让赵括代替廉颇担任大将,秦国也暗中派遣白起代替王龁担当大将。

两军在长平交战,白起大败赵军,斩杀赵军大将赵括,活埋士卒四十万,赵国臣民极为恐惧。

当时,秦昭王任用范雎为丞相,范雎劝说秦昭王实行远交近攻的策略。他说:"这样一来,得到一尺土地,大王就增加一尺土地,得到一寸土地,大王就增加一寸土地。"因此,韩、赵、魏三国遭受战争的危害尤其严重。

秦昭王因武安君白起的劳绩而对他产生了猜忌,贬斥并杀害了他,而派遣王龁前去包围邯郸。赵国派遣平原君赵胜前往楚国求救,赵胜选择文武全才的门客二十人同往,毛遂自荐随行。

来到楚国,赵胜会见楚考烈王,楚考烈王犹豫不决,毛遂便持剑劫了楚考烈王,向他讲明合纵的好处。楚考烈王听从了他的主张,派遣春申君率领军队营救赵国。平原君又向魏国求救,魏国派遣晋鄙率军援救。

秦昭王派人对魏国说:"我攻打赵国,很快就将会攻克。如谁有胆敢前去营救的诸侯,我一定要调集军队首先去攻打他。"魏安釐王害怕了,便止住晋鄙,让他在邺地扎营坚守,不让军队前进,还派遣将军辛垣衍前去劝说赵孝成王,打算共同尊奉秦昭王为帝,好让秦国退兵。鲁仲连得知后,前去会见辛垣衍说:"秦国,是一个捐弃礼义、崇尚战功的国家,如果让秦国肆无忌惮地称帝,我宁肯跳入东海淹死,也不愿意去做他们的臣民。何况在秦国称帝后,魏国还能够安然无恙吗?"辛垣衍这才不敢再讲尊奉秦国为帝的话。

赵国的平原君夫人,是魏公子信陵君无忌的姐姐。信陵君礼贤下士，拥有食客三千人。平原君将使者络绎不绝地派往魏国，前去责备信陵君说："我之所以愿意与你家缔结婚姻，是因为我认为你崇尚道义，能够急人之难。现在，邯郸很快就要陷落，但魏国的救兵还没有到来，难道这就是我所能够希望于你的吗？"

信陵君屡次请求魏安釐王命令晋鄙前去救赵，魏安釐王始终不肯依从。于是，信陵君带领自己的宾客，凑集了车骑一百多乘，准备奔赴祸难，在赵国战死。他在半路上去见侯生。侯生是一位隐士，名字叫作侯嬴，年已七十，家境贫寒，担任夷门的看守，信陵君把他当作贵客，对他十分恭敬。

侯生说："你没有别的计策，就打算与秦国军队作战，就像给饥饿的老虎丢去一块肥肉，哪里会有什么好结果？"信陵君拜了两拜，询问计策。侯生说："我听说晋鄙的兵符的另一半放在魏王的卧室里，如姬最受魏王的宠爱，有能力将兵符偷出来。您曾经为如姬报了杀父之仇，她也肯定为您而死，如果您一开口，就能够得到虎符，接管晋鄙的军队，北进救赵，西退秦军，这是春秋五霸般的功业啊。"

信陵君依言而行，得到了虎符。侯生说："将在外，君命有所不受。如果晋鄙心生怀疑，还要向魏王请示，事情就危险了。我的朋友朱亥是一个大力士，可以让他与您同行，如果晋鄙不肯从命，就让朱亥杀死他。"

信陵君来到邺地，晋鄙验合了虎符，果然怀疑事有不合，便举起手来挥了一挥，看着信陵君说："我统领着十万兵马，驻扎在边境上，担负着国家的重任。现在，你独自乘车前来替代我的职务，这是怎么回事？"

朱亥将四十斤重的铁锥从袖中掷出，一铁锥将晋鄙杀死。信陵君下达命令说："父亲和儿子同时在军中当兵的，让父亲回家；哥哥和弟弟都在军中当兵的，让哥哥回家；没有兄弟的独生子回家奉养父母。"信陵君得以挑选出士兵八万人，率领他们向前挺进，在邯郸城下，大破秦国军队，王龁战败退逃，郑安平带领两万秦军投降。

信陵君不敢回国，便留在赵国，而派遣将领带领魏国军队回国。平原君打算让鲁仲连做官，鲁仲连说："与其身享富贵，屈己事人，我宁肯贫寒卑微，轻视俗流，放任情怀。"于是他隐居起来，不再出来活动。

当时，周赧王向秦国进献土地，秦国将周朝的宝器九鼎带回秦国。韩王前去朝见秦国；魏国举国听从秦国的号令。秦昭襄王在位五十六年去世，其子秦孝文王即位。

当初，秦孝文王当太子时，太子妃是华阳夫人，她没有为太子生男育女。夏姬生了儿子异人，在赵国充当人质。秦国屡次攻打赵国，赵国便不肯礼遇异人，因此很不得志。

阳翟的大商人吕不韦前往邯郸，看见异人便说："这种稀有货物可真值得我囤积起来。"于是，他劝异人说："秦王年事已高，太子宠爱华阳夫人，而华阳夫人却没有儿子。你在兄弟二十多人中，排行居中，并不特别受到秦王的宠幸，看来是不能够被立为嗣君的。"异人说："我应该怎么办？"吕不韦说：“能够立嗣君的人，只有华阳夫人而已。虽然我也很穷，但让我拿出一千金替你前往秦国走一趟，立你为嗣君还是可以的。”异人说：“假如您的计策成功了，我与您共同享有秦国。”

吕不韦便把五百金给了异人，让他结交宾客，又拿出五百金来购买珍奇玩物，由自己带着前往秦国。吕不韦去见华阳夫人的姐姐，通过她将珍奇宝物献给华阳夫人。于是她向华阳夫人称赞异人贤明，宾客满天下，而他日以继夜地哭泣着，想念太子和华阳夫人。

华阳夫人听了十分喜欢。吕不韦又通过华阳夫人的姐姐来劝华阳夫人说：“虽然您受到秦王的宠爱，但您却没有儿子。如果您不趁着自己年轻美貌的时候，及早使自己与诸子中又贤明又孝敬的人相互结纳，并将此人立为嗣君，倘若到了您容色衰老，失去宠爱的时候，即使您打算开口进言，还可以吗？如今异人堪称贤明，但他自知排行居中，不能够被立为嗣君。假如您在这时候提拔他为嗣君，异人便是由没有国家而拥有了国家，而夫人便是由没有儿子而得到了儿子啦！"华阳夫人认为所言有理，趁机向太子进言，相约以异人为后嗣，并请吕不韦担当异人的保傅。

吕不韦娶了一位邯郸的绝色美女，在知道美女怀了身孕并且肯定是男孩以后，便设法让异人瞧见美女。异人爱上了这位美女，就请吕不韦将美女送给他，吕不韦佯装恼怒。时过不久，吕不韦让美女服了缓药，献给异人。美女怀孕足月生下儿子嬴政，

李斯峄山碑

异人便让这位美女做了夫人。

在秦国围困邯郸时,异人逃奔秦军,回到秦国。华阳夫人是楚国人氏,因而异人身穿楚国的服装去见华阳夫人,将名字改为楚。至此,秦孝文王便将异人立为太子。秦孝文王在位三天便去世了,子秦庄襄王楚即位。秦庄襄王任命吕不韦为相国,封为文信侯。

秦国的蒙骜率领军队攻打魏国,魏国军队被打得大败。魏安釐王向赵国请求要回信陵君,信陵君害怕受到惩处,不肯回国。毛公和薛公说:"您之所以被诸侯所推重,是因为有魏国作为您的根基。现在,魏国形势危急,您却不肯顾惜,一旦秦国人将大梁攻克,把魏国先世的宗庙毁成一片平地,您还有什么脸面存身于天下呢!"话未讲完,信陵君便惭愧得变了脸色,立即驾好车马返回魏国。

魏安釐王握着信陵君的手相对哭泣,任命他为上将。

信陵君向诸侯求援,诸侯听说信陵君又成为魏国的将领,都派遣军队营救魏国。信陵君率领五国诸侯军,在河外迎击蒙骜,追击到函谷关才撤兵回国。历来秦国攻打别国遭到的失败,没有比这一次更为惨重的了。

秦国厌恨信陵君,便花费重金,实行反间,扬言信陵君准备作魏国的君主,魏安釐王深信不疑。于是,信陵君称病不出,耽于酒色,日夜寻欢作乐,四年以后便死去了。

秦庄襄王在位三年,其子嬴政即位,这就是秦始皇。当时,秦国的国家大事全部由文信侯吕不韦决断,且号称仲父。在此之前的秦国是嬴秦，在此之后的秦国是吕秦。嬴秦共有三十五位国君，经历了六百五十一年。吕不韦用了一个女子，在从容谈笑之间以吕氏取代了嬴氏，这也够奇的了。

战国纪年表

（前475—前221）

一、周（前475—前256）

（1）元王姬仁（前475—前469）	（7）安王姬骄（前401—前376）
（2）贞定王姬介（前468—前442）	（8）烈王姬喜（前375—前369）
（3）哀王姬去疾（前441）	（9）显王姬扁（前368—前321）
（4）思王姬叔（前441）	（10）慎靓王姬定（前320—前315）
（5）考王姬嵬（前440—前426）	（11）赧王姬延（前314—前256）
（6）威烈王姬午（前425—前402）	

二、秦（前475—前221）

（1）厉共公（前475—前443）	（9）孝公（前361—前338）
（2）躁公（前442—前429）	（10）惠文王（前337—前325）
（3）怀公（前428—前425）	（11）更元（前324—前311）
（4）灵公（前424—前415）	（12）武王（前310—前307）
（5）简公（前414—前400）	（13）昭王（前306—前251）
（6）惠公（前399—前387）	（14）孝文王（前250）
（7）出子（前386—前385）	（15）庄襄王（前249—前247）
（8）献公（前384—前362）	（16）秦王政（前246—前221）

三、魏（前445—前225）

（1）文侯（前445—前396）	（6）昭王（前295—前277）
（2）武侯（前395—前370）	（7）安釐王（前276—前243）
（3）惠王（前369—前335）	（8）景湣王（前242—前228）
（4）后元（前334—前319）	（9）魏王假（前227—前225）
（5）襄王（前318—前296）	

四、韩（前424—前230）

（1）武子（前424—前409）	（7）昭侯（前362—前333）
（2）景侯（前408—前400）	（8）宣惠王（前332—前312）
（3）烈侯（前399—前387）	（9）襄王（前311—前296）
（4）文侯（前386—前377）	（10）釐王（前295—前273）
（5）哀侯（前376—前375）	（11）桓惠王（前272—前239）
（6）懿侯（前374—前363）	（12）韩王安（前238—前230）

五、赵（前475—前222）

（1）襄子（前475—前425）	（8）武灵王（前325—前299）
（2）桓子（前424）	（9）惠文王（前298—前266）
（3）献侯（前423—前409）	（10）孝成王（前265—前245）
（4）烈侯（前408—前387）	（11）悼襄王（前244—前236）
（5）敬侯（前386—前375）	（12）赵王迁（前235—前228）
（6）成侯（前374—前350）	（13）代王喜（前227—前222）
（7）肃侯（前349—前326）	

六、楚（前475—前223）

（1）惠王（前475—前432）	（7）威王（前339—前329）
（2）简王（前431—前408）	（8）怀王（前328—前299）
（3）声王（前407—前402）	（9）顷襄王（前298—前263）
（4）悼王（前401—前381）	（10）考烈王（前262—前238）
（5）肃王（前380—前370）	（11）幽王（前237—前228）
（6）宣王（前369—前340）	（12）楚王负刍（前227—前223）

七、燕（前475—前222）

（1）孝公（前475—前455）	（8）燕王哙（前320—前312）
（2）成公（前454—前439）	（9）昭王（前311—前279）
（3）文公（前438—前415）	（10）惠王（前278—前272）
（4）简公（前414—前370）	（11）武成王（前271—前258）
（5）桓公（前369—前362）	（12）孝王（前257—前255）
（6）文公（前361—前333）	（13）燕王喜（前254—前222）
（7）易王（前332—前321）	

八、姜齐（前475—前379）

（1）平公（前475—前456）	（3）康公（前404—前379）
（2）宣公（前455—前405）	

九、田齐（前410—前221）

（1）悼子（前410—前405）	（6）宣王（前319—前301）
（2）田和（前404—前384）	（7）湣王（前300—前284）
（3）田剡（前383—前375）	（8）襄王（前283—前265）
（4）桓公（前374—前357）	（9）齐王建（前264—前221）
（5）威王（前356—前320）	

十、晋（前475—前369）

（1）定公（前475）	（4）幽公（前433—前416）
（2）出公（前474—前452）	（5）烈公（前415—前389）
（3）敬公（前451—前434）	（6）桓公（前388—前369）

十一、越（前475—前333）

（1）勾践（前475—前465）	（6）诸咎（前375—前363）
（2）鹿郢（前464—前459）	（7）无余之（前362—前351）
（3）不寿（前458—前449）	（8）无颛（前350—前343）
（4）朱句（前448—前412）	（9）无疆（前342—前333）
（5）翳（前411—前376）